J'ai toujours peur de ce que les autres pensent de moi

Comment acquérir la façon de penser
de ceux qui n'ont pas
ou n'ont plus cette crainte

Dr Christian Senecaut

J'ai toujours peur de ce que les autres pensent de moi

Que faire pour acquérir la façon de penser de ceux qui n'ont pas cette crainte, ou toutes autres craintes ou obsessions ?

Dr Christian Sénécaut

Table des Matières

.
.
.
.

Chapitre Un : Présentation

Ce que vous allez trouver dans ce livre

Ce livre a pour but de vous apporter un éclairage pour que vous puissiez **mieux comprendre les causes, le fondement** de ce problème spécifique, :

J'ai toujours peur de ce que les autres pensent de moi ...,

que j'ai choisi pour illustrer mon propos, mais qui pourrait s'appliquer à :

beaucoup d'autres craintes ou obsessions que vous pourriez avoir.

Le but étant d'essayer de vous aider à pouvoir résoudre vraiment les causes de cette cette crainte (*ou toutes autres craintes ou obsessions*), en tout ou partie, pour que cela change réellement votre vie.

Pour ce faire, ce livre vous propose une **présentation, la plus simplifiée et imagée possible**, des toutes dernières connaissances que nous ont apporté les *neurosciences*.

Non seulement celles-ci *nous ont apportés une toute autre vision du fonctionnement du cerveau*, comme nous allons le voir,

qui nous permet de beaucoup mieux comprendre comment ce genre de craintes ou d'obsessions peuvent se mettre en place,

mais en plus *elles nous apportent aussi de nouveaux outils*, que je vais vous présenter,

qui nous permettent de « *déconstruire* » le **support** de ces craintes et obsessions,

pour ensuite « *reconstruire* » une toute autre façon de penser qui nous en protègera.

Trois niveaux de lecture vous sont proposés, suivi d'un Récapitulatif fin du Ch. 9) :

1 Les lectrices-lecteurs curieux pourront lire l'intégralité du livre.

2 Les lectrices-lecteurs intéressés principalement par « que faire pour acquérir la façon de penser de ceux qui n'ont pas ou n'ont plus cette crainte » pourront sauter éventuellement, au cas par cas, les encadrés « POUR EN SAVOIR PLUS AFIN DE MIEUX COMPRENDRE » qui les « inspirent » moins. Enfin :

3 Les lectrices-lecteurs ne disposant que de peu de temps pourront lire exclusivement les encadrés : « **En résumé** », « **Définition** », et le **Récapitulatif et son Schéma** du Ch. 9), quitte à revenir par le suite sur tout ou partie du livre s'ils le souhaitent.

Bonne lecture !

.

.

.

.

Médecin psychiatre de formation et de profession, j'ai rédigé ce premier livre dans le cadre d'une Série de « **Livres/Guidance - Individuation & Neurosciences** » afin d'essayer de répondre à vos attentes. Les autres thèmes/titres vous seront proposés ultérieurement.

Si cet ouvrage peut vous aider à réaliser ce changement, répondant ainsi à votre attente, j'en serais très heureux et très honoré.

.

.

.

.

Nous vivons une véritable révolution. Depuis à peine quelques décennies, grâce au développement de l'informatique, une métamorphose dans le domaines de la médecine a vu le jour, et tout particulièrement dans le domaine et l'étude du cerveau.

Tout ce à quoi nous croyions encore il y a à peine 20 ou 30 ans s'est avéré obsolète dans la plupart des cas.

L'imagerie médicale, en s'informatisant, permet de pouvoir enfin observer le **cerveau vivant** en train de travailler, et cela même au niveau de sa cellule qui le constitue, **le neurone.**
Cette possibilité nous a permis de beaucoup mieux comprendre **comment le cerveau est capable de pouvoir être :**

- ◆ **le support de nos pensées,** et comment il s'organise pour l'être,
- ◆ le support de nos **émotions,** car nous sommes d'abord des êtres d'émotions,
- ◆ le réservoir de nos **différentes mémoires,** et donc de notre **identité**
- ◆ **et de mieux comprendre** ses différences de fonctionnement selon qu'on est : au **niveau conscient ou au niveau inconscient.**

Parmi toutes ces **découvertes,** il y en a une qui est **extraordinaire** :

On savait déjà que **le cerveau n'est pas un organe comme les autres.**
Mais le cerveau a une particularité supplémentaire que l'on ignorait.
Ses neurones nous ont montré qu'ils détenaient **une capacité étonnante, que n'ont pas les autres cellules** de tous les autres organes de notre corps.

« POUR EN SAVOIR PLUS AFIN DE MIEUX COMPRENDRE »

Les cellules des autres organes sont agencées d'une certaine façon, qui ne changera pas toute la vie durant, sauf accident ou anomalie particulière. Ce qui permettra à chaque organe de continuer à fonctionner de la même façon, tant qu'il reste dans les mêmes conditions normales de fonctionnement. **Par exemple** : les cellules de la vésicule biliaire, qui sont spécialisées dans la sécrétion de la bile, resteront toujours agencées de la même façon, pour continuer de sécréter de la bile toute leur vie durant, et elles ne « produiront » rien d'autre, et ce, que ce soit chez un même individu, ou chez tous les individus.

De même, si elles peuvent être en « contact » avec leurs cellules voisines, elles ne peuvent pas transporter d'informations de cellules en cellules, contrairement aux neurones, car étant incapables et de créer, et d'utiliser l'électricité, elles ne peuvent faire circuler l'information de cellule en cellule.

De ce fait nous ne pouvons pas avec les cellules de nos autres organes, par la seule puissance de notre pensée, ni **changer leur agencement, ni leur permettre de « produire » quelque chose en plus que ce qu'elles sécrètent.** Tout au plus pouvons-nous par la seule puissance de notre pensée, décider d'avoir une bonne alimentation, suffisamment d'exercice physique hebdomadaire, et si possible un bon moral, pour leur permettre de fonctionner globalement dans de meilleures conditions, **ce qui est déjà très appréciable.**

Si les neurones, et chacun selon comment il a été « spécialisé », sécrètent eux aussi tout au long de leur vie différentes substances comme les neurotransmetteurs (sérotonine, dopamine, …), **par contre, eux seuls, peuvent changer considérablement leur agencement entre eux, les relations qu'ils ont ou non entre eux, et ce, pour pouvoir transmettre l'information de neurone en neurone,** grâce à leur capacité à créer et utiliser l'électricité, **et de ce fait, fonctionner différemment, « produire » des choses différentes :**
des pensées différentes, des croyances différentes, des langues différentes, des émotions différentes, des ressentis différents, des souvenirs différents, des comportements différents, etc.

Plus extraordinaire : nous savons enfin maintenant **comment les neurones modifient leur organisation entre eux pour transmettre l'information,** changent la façon dont ils sont agencés, branchés, câblés…entre eux, pour nous permettre d'acquérir ces autres pensées, croyances, souvenirs, comportements etc.

Encore beaucoup plus incroyable : nous savions déjà aussi que nos différents sens : la vue, l'ouïe, le toucher, … influençaient la façon dont les différentes régions du cerveau, qui les concernent, se construisaient, se « **sculptaient** ».
Mais nous savons maintenant, grâce à ces découvertes récentes, que **chacun d'entre nous,** sauf accident ou anomalies particulières, **a la possibilité d'être l'architecte de beaucoup d'autres modifications dans son cerveau et ce :**

par la seule puissance de sa pensée.

Nous pouvons tous (à des degrés divers et dans certaines limites heureusement assez larges) **par la seule puissance de notre pensée, changer la façon dont ils sont agencés, branchés, câblés…entre eux**, c'est à dire que nous pouvons tous : « sculpter » notre cerveau, pour qu'il puisse fonctionner d'une certaine façon, plutôt que d'une autre façon.

Notre cerveau devient donc ainsi le support d'autres pensées, qui elles mêmes vont pouvoir « sculpter » le cerveau encore autrement (au point même de nous permettre de nous entrainer mentalement dans notre tête à un sport, ou autre activité, comme nous le verrons par la suite !)

Nous créons ainsi tout au long de notre existence une « boucle » fascinante entre :

notre cerveau support de nos pensées et nos pensées qui sculptent notre cerveau.

Paradoxalement nous avons très peu, voire pas, d'emprise par la seule puissance de notre pensée, sur le fonctionnement d'organes plus simples que le cerveau. **Et nous pensions, à tort, jusqu'ici, qu'il en était de même pour celui-ci**, alors que nous en avons une, **et une bien plus grande que nous le pensions**, malgré son immense complexité !

Et cette découverte extraordinaire ouvre des possibilités multiples, comme celle d'apprendre à mieux « sculpter » notre cerveau, afin de permettre

à des personnes qui ont toujours peur de ce que les Autres pensent d'elles,
(ou porteuses de toutes autres craintes ou obsessions)

de « sculpter » leur cerveau d'une autre façon.

Ainsi ces personnes pourront apprendre à penser et donc à vivre comme les personnes qui ayant « sculpté » leur cerveau différemment, n'ont pas ce souci (Tout comme quelqu'un qui, souhaitant vivre dans un pays étranger, **décide** pour pouvoir mieux s'intégrer et s'y épanouir, **d'apprendre la langue de ce pays pour la pratiquer à la place de sa langue maternelle.)**

Autrement dit : nous avons maintenant **un autre moyen à notre disposition** pour mieux réaliser notre « **individuation** » :

notre réalisation personnelle, notre cheminement vers la découverte de soi
(à ne pas confondre avec individualisme : qui est une conception qui tend à privilégier les droits, les intérêts et la valeur de l'individu par rapport à ceux du groupe.)

Comment pratiquement réaliser cela ?

C'est ce que nous allons essayer de vous démontrer dans cet ouvrage.

.

.

.

.

En résumé

L'une des particularités extraordinaires du fonctionnement de votre cerveau, qui est en (re)construction permanente, pour transmettre l'information de neurone en neurone, vous permet d'en être le principal architecte ! Vous pouvez ainsi apprendre à penser, et donc à vivre, comme les personnes qui n'ont pas cette crainte « J'ai toujours peur de ce que les autres pensent de moi » (**ou toutes autres craintes ou obsessions**). Pour y parvenir il vous faut « sculpter » différemment votre cerveau !

Autrement dit : nous avons maintenant un autre moyen à notre disposition pour mieux réaliser notre « individuation » :

notre réalisation personnelle, notre cheminement vers la découverte de soi.

Et c'est ce que vous allez découvrir dans cet ouvrage.

.
.
.
.

Chapitre Deux : Plan

Présentation

Introduction

1.   Qui je suis ?

2.   Ce que ce livre n'est pas et pourquoi ?

3.   Qu'est-ce qu'il peut vous apporter et dans quelles limites ?

Corps du livre :

Qu'est-ce qui peut bien avoir amené une personne à avoir toujours peur de ce que les autres pensent d'elle ?

Quelques rappels succincts indispensables

Les moyens et stratégies envisageables pour sortir de cet enfermement

De façon plus résumée et imagée

L'utilisation de tous ces moyens pour ne plus « avoir peur de ce que les autres pensent de moi »

Comparateurs fermés versus Expérimentateurs curieux

Conclusion

P.S.

.

.

.

.

Chapitre Trois : Introduction

•

•

•

•

Qui je suis ?

Après quelques décennies d'exercice en cabinet libéral, et dans différentes institutions spécialisées, en tant que médecin psychiatre, je me retrouve maintenant en retraite.

Ce qui me permet de disposer de davantage de temps pour pouvoir, entre autre, rédiger cet ouvrage.

Ce que ce livre n'est pas et pourquoi ?

Soyons clair : ceci n'est pas une série de séances de psychothérapie sous forme de livre, (et la bonne nouvelle : ce livre ne vous coûtera pas non plus le prix de plusieurs séances de psychothérapie !).

En effet contrairement à une psychothérapie, il n'y a pas ici de contrat d'ordre thérapeutique passé entre vous et moi :

Quel type de thérapie sera mise en œuvre ?

A quelle fréquence ?

Pendant combien de temps ?

Quel est le montant des honoraires et s'ils sont remboursés ou non, etc. ?

Il n'y a pas, non plus, de proposition d'aller explorer, d'association de pensée en association de pensée, tout ce à quoi vous êtes confronté,

puisque volontairement on se focalisera sur 1 seul problème

Pour ce faire, je ne recourrai donc pas à « l'outil psychanalytique » qui ne se « veut pas » être de l'ordre de la « guidance », mais à celui plus récent des **Neurosciences** qui convient beaucoup mieux, à mon avis, et qui me parait plus abordable et plus adapté pour ce genre d'ouvrage.

Qu'est-ce qu'il peut vous apporter et dans quelles limites ?

Cette guidance se différencie en effet de la plupart des livres qui se proposent d'apporter aux lecteurs :

un ouvrage le plus exhaustif possible, sur un ensemble de sujets, et qui s'adresse :

soit à des professionnels, soit à une catégorie de personnes déjà très averties sur cet ensemble de sujets et qui sont prêts à consacrer à leur lecture de nombreuses heures.

Cette guidance s'adresse donc plutôt à des personnes :
- Concernées par le sujet,
- Ne souhaitent pas tout savoir sur tout,
- Ayant peu de temps à leur disposition.

Cette guidance se limitera donc volontairement à 1 problème spécifique,
Sans avoir la prétention de le traiter de façon exhaustive,
En le rendant accessible
Sans que cela nécessite un laps de temps très important,
Pour que vous puissiez rapidement l'assimiler et le mettre en application,

Ce livre fait donc partie d'une série de Livre/Guidance dont le but est d'essayer d'apporter au lecteur/lectrice un éclairage qu'il n'arrivait pas à trouver jusqu'alors.

Pour ce faire je recourrai aux apports récents des **Neurosciences**, pour que le lecteur/lectrice puisse mieux comprendre les causes, le fondement de ce type de problème spécifique :

afin de pouvoir le résoudre vraiment, en tout cas suffisamment pour que cela change réellement sa vie.

Et si je peux l'aider à réaliser ce changement, répondant ainsi à son attente, j'en serais très heureux et très honoré.

Que cette lecture en elle même, puisse répondre à votre attente, et vous apporter un réel mieux être dans votre vie, ou à défaut, qu'elle puisse être le premier jalon déterminant vers le moyen approprié qui le permettra.

.
.
.

Chapitre Quatre : Qu'est-ce qui peut bien avoir amené une personne à « toujours avoir peur de ce que les autres pensent d'elle ? » Et pourquoi beaucoup d'autres personnes : n'ont pas ou n'ont plus cette crainte ?

.

.

.

Cette crainte est d'autant plus lourde à porter, qu'il est difficile de la partager avec d'autres. Quand bien même vous oseriez le faire, ceux à qui vous voudriez en parler, n'ont pas forcément la clef du problème. Cette crainte sous-entend, que vous ayez peur qu'on pense du mal de vous, soit parce que vous êtes trop… ou pas assez… ou encore que vous vous craignez d'être rejeté, voire les deux ou les trois à la fois.

Dans tous les cas, les raisons qui ont pu vous amener à penser cela, ne sont pas aussi multiples et complexes que vous pouvez le craindre, mais se résument le plus souvent à une seule cause, et c'est ce que vous allez découvrir dans les chapitres suivants.

.
.
.

Chapitre Cinq : Quelques rappels succincts indispensables

.

.

.

.

Avant de poursuivre plus avant, voyons d'un peu plus près quelques éléments du

fonctionnement du psychisme humain qui nous intéressent ici.

A) La construction de l'identité et de l'image de soi

1 Au départ : pour le nourrisson de 0 à 8 mois c'est : « je suis l'univers », indistinction pour lui entre son Moi et les Autres qui sont vécus comme autant de prolongations de son Moi : comme l'est son pouce qu'il suce ou ses pieds qu'il agrippe.

2 Multiplications des « ratés » entre la mère et le nourrisson, qui lui permettent de faire une distinction entre son Moi et les Autres : le sein ne se présente pas avec la même rapidité et régularité que son pouce : il y a un problème, une angoisse.

3 L'angoisse du 8° mois : prise de conscience que je suis tout petit et totalement dépendant de cet autre qui prend soin de moi ou ne prend pas soin de moi, ou mal, ou pas comme je le voudrais.

4 Vers 2 ans : augmentation et amélioration du câblage neuronal dans le cerveau. Cela permet, entre autres, la mise en place de la parole et une meilleure acquisition de la langue maternelle qui était déjà en cours. Cela représente un bond gigantesque dans la capacité à communiquer, et donc à apprendre et à construire son identité.

5 Avec l'apparition du langage, le câblage neuronal se poursuit en se renforçant et en se complexifiant encore plus. Une accélération des apprentissages voit le jour, il en est de même pour la construction de la personnalité, et de l'identité, dans toutes ses dimensions : émotionnelles et affectives, intellectuelles et mémorielles, créatives et imaginaires …

6 Tout ceci aboutit à la prise de conscience de son identité et de son image de soi.

7 Puis à la sortie de l'adolescence, le cerveau termine sa maturation : il achève la mise en place des connexions cérébrales : de son « connectome », dont nous reparlerons un peu plus bas.

.

La **construction de l'identité** et de l'**image de soi** s'opère dès la naissance. Avec l'apparition du langage, le câblage neuronal se poursuit, se renforce et se complexifie. Une accélération des apprentissages voit le jour, il en est de même pour la construction de la personnalité, de l'image de soi et de l'identité, dans toutes leurs dimensions.

B) La plasticité neuronale

Les neurones sont différentes sortes de cellules spécialisées du cerveau qui ressemblent, pour simplifier beaucoup, à des espèces de pieuvres à mille bras qui se connectent entre elles de multiples façons, afin de pouvoir échanger différents types d'informations, par divers moyens tant électriques que biochimiques.

Chaque neurone peut donc se « brancher » sur 1000 à 10.000 autres neurones, (excusé du peu). **La qualité** et la force du branchement, qui se nomme « synapse », **seront d'autant meilleures que l'information passe souvent par ce branchement, cette connexion.**

A l'inverse une connexion où ne passent plus assez souvent d'informations, s'affaiblit, parfois au point de disparaitre, auquel cas le neurone qui sent qu'à l'extrémité de ce bras il n'y a plus d'activité (peut être parce que l'autre neurone s'est lui-même débranché, ou est mal en point, ou mort), va se débrancher pour se rebrancher sur un autre neurone qui acceptera ou non ce nouveau branchement (et oui, il a son mot à dire!).
C'est ce qu'on appelle « la plasticité neuronale ».

Définition

La **plasticité neuronale** : c'est la capacité pour un neurone de se débrancher d'un neurone défaillant ou non, pour se rebrancher sur un autre neurone efficient avec son accord, pour **modifier/réparer le réseau** auquel il appartient.

C) Le câblage neuronal ou « connectome »

Tout comme dans un Pays, (où à la base, différentes maisons vont constituer un quartier, qui vont constituer une commune, les communes une communauté de communes, celles-ci faisant partie d'un département, qui fait lui même partie d'une région, régions qui constituent le Pays), les neurones se regroupent aussi entre eux à des niveaux d'importance et de complexité différents pour former **divers types de réseaux.**
Tout comme une ville entière a bien plus de capacité à traiter différentes choses qu'un simple quartier, un ensemble important de réseaux neuronaux regroupés entre eux peut faire beaucoup plus de choses, qu'un simple petit réseau neuronal, basique, du niveau d'un « quartier ». C'est ce qu'on appelle le câblage neuronal ou « connectome ».

A la naissance, seules 50% des connexions neuronales sont mises en place et l'achèvement du connectome ne se réalisera qu'à la sortie de l'adolescence.

.

.

Définition

Le **câblage neuronale** ou **connectome** : c'est la possibilité pour les neurones de se mettre en réseau entre eux, à des niveaux d'importance et de complexité différents, et donc de **créer différents types de réseaux** neuronaux, pour transmettre l'information de neurone en neurone.

D) Les cellules souches

La présence dans certaines **régions clés du cerveau** de cellules souches, permet la création continue de nouveaux neurones, qui ne survivront que **si on les sollicite,** et qui offrent donc une autre possibilité de **modifier/créer de nouveaux réseaux** neuronaux !

E) Les neurones miroirs

La présence également de ce qu'on appelle les « neurones miroirs », constitués par différents réseaux de neurones, qu'on retrouve dans certaines parties du cerveau, et qui s'activent quand on voit quelqu'un d'autre faire un geste **par exemple**. Ils s'activent de la même façon que lorsque nous-mêmes faisons ce même geste, dans une sorte « d'imitation » du geste de l'autre. Comme pour nous aider à mieux comprendre ce que l'autre est en train de faire (c'est le support qui permettra l'émergence de la « Théorie de l'esprit », dont nous parlerons plus loin).

On peut observer le même phénomène lorsque nous-mêmes pensons seulement à un geste : ce seront les mêmes neurones miroirs qui s'activeront que lorsque nous faisons réellement le même geste, avec toutes les possibilités d'entrainement mentale que cela permet d'envisager et de réaliser, comme nous le verrons par la suite !

.

.

Définition

Les **neurones miroirs** : sont constitués par différents réseaux de neurones qui s'activent quand on voit quelqu'un d'autre faire un geste **par exemple**. Ils s'activent de la même façon que lorsque nous-mêmes faisons ce même geste. C'est le support qui permettra l'émergence de la « Théorie de l'esprit ».

F) La loi de Hebb et son corollaire

La Loi de Hebb postule que lorsque certaines zones particulières du cerveau **sont activées à plusieurs reprises** par un certain comportement (**comme respirer profondément quand nous sommes bouleversés**) un circuit de réseaux neuronaux est formé, **qui se renforce chaque fois que nous répétons un comportement similaire.**

Son corollaire se produit lorsqu'**en concentrant notre attention,** nous avons **maintenu les zones du cerveau activées sur place suffisamment longtemps,** pour que le câblage ou le re-câblage neuronal puisse advenir.

.

.

.

En quoi toutes ces connaissances, ces théories peuvent nous aider à mieux comprendre le fondement de la question qui nous préoccupe ici ? Et plus précisément :

Comment faire pour apprendre à « sculpter » son cerveau autrement ?

En s'inspirant :

- d'abord de comment s'y prennent naturellement nos différents sens,
- puis en s'inspirant de ce que l'on observe dans le cas d'un apprentissage intensif chez une personne qui décide de développer cette apprentissage, et enfin,
- des résultats obtenus par les techniques de ré-éducation suite à une lésion cérébrale,

pour voir dans chaque cas, comment sont utilisées au mieux toutes ces notions et théories, que nous venons de voir, pour « sculpter » le cerveau autrement.

Comme je vous le disais dans la Présentation de ce livre, nous savions déjà que nos différents sens : la vue, l'ouïe, le toucher, l'odorat, le goût… avaient la capacité de « sculpter », chacun à sa façon, les différentes régions du cerveau auxquelles ils correspondaient.
Selon que les différents sens fonctionnent bien ou sont déficitaires, le cerveau sera « sculpté » différemment :

Prenons le cas d'un enfant, né aveugle : la zone du cerveau qui correspond au traitement de la vue ne se développera pas normalement. Cette zone ne sera pas « atrophiée/appauvrie » pour autant, mais les connexions neuronales, en grande partie, se « convertiront » alors pour aller enrichir d'autres zones, qui traitent d'autres sens, comme le toucher ou l'ouïe. Nous le voyons aujourd'hui grâce aux nouvelles techniques de l'imagerie médicale.

Une autre façon de « sculpter » le cerveau autrement, peut s'observer chez une personne quand elle développe beaucoup un apprentissage (comme **par exemple** : la mémorisation de toutes les rues de Londres pendant 3 ans d'études pour les chauffeurs de taxis londoniens, ou une personne qui pratique au quotidien un instrument de musique depuis plusieurs années).

Elles développent d'immenses réseaux neuronaux spécifiques à ces apprentissages, *et que n'ont pas les personnes qui n'ont pas réalisé ces types d'apprentissage intensifs.* Ce que l'on peut parfaitement visualiser avec l'imagerie médicale actuelle.

Enfin, nous savons à ce jour que chez une personne victime d'un AVC (Accident Vasculaire Cérébral), la zone du cerveau atteinte (parce qu'elle a perdu des neurones) entraîne différentes séquelles (comme la paralysie, des troubles de la parole…) qui vont pouvoir régresser à différents degrés grâce à une rééducation en centre spécialisé.

De quelle façon obtient on ces résultats dans chacun de ces exemples ? :

La plasticité neuronale et le connectome sont les principaux outils dont se servent nos sens pour « sculpter » les différentes zones du cerveau qui les concernent.

C'est la plasticité neuronale et le connectome également, qui permettent aux personnes qui développent un apprentissage intensif de multiplier les connexions entre les neurones pour accroître certains réseaux et en créer d'autres afin d'apporter les nouveaux supports neuronaux nécessaires à ces apprentissages.

De même c'est la plasticité neuronale qui permettra aux neurones survivants dans le cadre d'un AVC de pouvoir se « débrancher » des neurones détruits par l'AVC, car ils sentent que ceux-ci ne répondent plus. Ils se « rebranchent » alors sur d'autres neurones, qui acceptent ou non ce « rebranchement », pour reconstituer un équivalent des réseaux neuronaux qui ont été détruits par l'AVC.

De la même manière que, quand l'autoroute est bloquée à un endroit, nous utilisons les routes secondaires qui la longent pour contourner l'obstacle, et rejoindre la même autoroute un peu plus loin !

C'est donc par le biais de cette extraordinaire plasticité neuronale que ces personnes récupèrent totalement, ou partiellement, de leurs séquelles d'AVC. C'est la rééducation, **avec la focalisation de leurs pensées sur tous les exercices, tous les réapprentissages réalisés,** qui mobilise tout le potentiel de leur plasticité neuronale, pour « re-sculpter » la partie du cerveau concernée par l'AVC.

Grâce aux découvertes des Neurosciences, nous savons maintenant que c'est exactement de la même manière : par la **focalisation de notre pensée**, que nous pouvons apprendre une autre langue, un autre comportement, un nouveau sport, etc.

C'est toujours de la même façon que, par la seule puissance de notre pensée, en **focalisant suffisamment longtemps notre attention,** nous pouvons tous à des degrés divers et dans certaines limites heureusement assez larges « sculpter » notre cerveau autrement, comme nous l'avons vu avec la **Loi de Hebb et son corollaire**, pour penser d'une certaine façon plutôt que d'une autre. Il pourra ainsi devenir le support d'autres pensées, idées, croyances, … qui elles mêmes vont pouvoir « sculpter » le cerveau encore autrement … créant ainsi tout au long de notre existence une « boucle » fascinante entre :

notre cerveau support de nos pensées et nos pensées qui « sculptent » notre cerveau

boucle sur laquelle peuvent se greffer d'autres boucles comme :

nos croyances qui influencent nos pensées et nos pensées qui élaborent nos croyances.

Les conditions requises pour « sculpter » un cerveau chez un être humain ? :

Réponse : Toute la richesse de connexion d'un cerveau humain ET d'être élevé par des Humains.

.

.

.

POUR EN SAVOIR PLUS AFIN DE MIEUX COMPRENDRE

(de se servir de son cerveau = de « sculpter » son cerveau)

Les humains se servent de leur cerveau de façon comparable pour certaines choses au sein d'une même culture, d'une même langue, d'un même sport, ... mais comme on le sait tous, ils s'en servent d'une façon très différente, et très diversifiée, dans de multiples domaines, et ce, que ce soit chez un même individu, qui tout au long de sa vie va avoir la possibilité d'utiliser différemment son cerveau, par rapport aux mêmes choses, situations, ... ou que ce soit en comparant les individus entre eux, avec toutes leurs façons très différentes, multiples et particulières, de se servir de leur cerveau face à des situations comparables :

C'est ce qui explique cette grande diversité de pensées, de comportements, de croyances, ... que ce soit entre les humains, ou au cours de l'évolution dans sa vie, chez un même être humain :

contrairement aux autres êtres vivants, nous, les humains, sommes les seuls à pouvoir « sculpter » notre cerveau de différentes façons, **par la seule puissance de notre pensée.**

Ce qui distingue donc le petit de l'Homme, de toutes les autres espèces vivantes, c'est son câblage neuronal : il est le seul à atteindre un tel degré de complexité inégalé dans tout l'Univers connu ! (le nombre de combinaisons de connexions possibles entre tous les neurones dans un cerveau humain, est **supérieur** au nombre **d'atomes** de tout l'univers connu!).

Cette spécificité neurologique lui procure de grandes capacités, à non seulement communiquer par la parole, mais aussi **grâce aux neurones miroirs** :

- **imiter l'autre** (la réponse au sourire apparaît dès la 6* ou 7* semaine du nourrisson),

- puis, dès 18 mois, de distinguer quel **type d'émotion** l'autre ressent,

- dans un second temps, être capable de comprendre en plus, **ce qui a provoqué cette émotion** chez l'autre, et donc d'être capable de développer de **l'empathie** envers l'autre,

- pour ensuite être capable de **ressentir, en soi, l'émotion de l'autre**, de se mettre à la place de l'autre, et passer ainsi de l'empathie à la **sympathie**, et aussi,

- comprendre **l'intentionnalité** de l'autre, et de ce fait être capable de **coopérer**, et enfin,

- d'accepter que l'autre **puisse penser différemment de soi.**

- Tout ceci recouvre ce qu'on appelle : la « **Théorie de l'esprit** »,

être capable aussi : d'anticiper les choses, de mémoriser, de symboliser, de catégoriser, d'acquérir une pensée abstraite, etc.

Tout ceci va donc lui permettre de profiter de tous les enseignements et des comportements des autres, pour poursuivre ses apprentissages, et construire sa personnalité et son image de soi, et ainsi prendre conscience de son **identité**.

En effet, en plus de ses grandes capacités neurologiques propres au cerveau humain, le petit d'homme a aussi besoin des autres humains, pour lui permettre de devenir pleinement humain.

Sans les autres humains, nous n'aurions pas pu devenir pleinement humains.

Rappelez-vous ce que vous avez lu ou entendu sur les « Enfants-loups », ou l'enfant sauvage de l'Aveyron : abandonnés et livrés à eux-mêmes, et/ou « pris en charge » par des animaux comme les loups, pendant leurs premières années. Une fois recueillis, en dépit de toute une prise en charge de qualité, dans un contexte plutôt sécurisant et chaleureux, ses enfants n'ont jamais acquis le langage. Ils sont toujours restés privés d'une véritable capacité à communiquer comme des humains. Pourquoi ? Parce que cette mise en place est arrivée trop tard. Ils avaient passé l'âge : trop de connexions neuronales, qui auraient dues se construire au service du langage, s'étaient déjà converties vers d'autres fonctions, fautes d'avoir été sollicitées à la bonne période pour cela, à savoir : pendant les deux premières années de la vie.

De ce fait, leurs cerveaux s'étaient « sculptés » autrement.

.

.

Ce qui distingue le petit de l'Homme de toutes les autres espèces vivantes c'est son câblage neuronal : il est le seul à atteindre un tel degré de complexité inégalé dans tout l'Univers connu ! et aussi le seul à pouvoir « sculpter » son cerveau par la seule puissance de sa pensée !

Ce qui est fascinant c'est que confronté à cette complexité inégalée, inouïe, le petit de l'Homme parvient malgré son jeune âge, avec ses moyens forcément limités, à avoir une emprise sur le câblage de ses propres neurones, au point de pouvoir « sculpter » autrement son cerveau, **même si dans cette période là de sa vie, il le fait surtout avec l'aide de ses proches, avec toutes les conséquences que cela entraînent,** comme nous le verrons amplement par la suite.
Un peu comme Mr Jourdain dans la pièce de Molière qui découvrait qu'il faisait de la prose sans le savoir, le petit de l'Homme puis **l'Homme adulte qu'il deviendra, sculpte en permanence son cerveau sans le savoir !**

Cette spécificité neurologique lui procure de grandes capacités de communication et d'apprentissage auprès des autres humains, pour lui permettre de construire sa personnalité et son image de soi et ainsi **prendre conscience de son identité.**

C'est donc à travers tout ce que ceux, qui nous ont élevé, nous ont transmis, **par le langage et leurs comportements,** au départ de notre existence, dans l'enfance, que nous avons pu « sculpter » notre cerveau humain, pour devenir pleinement humain.

Mais une fois sortie de l'adolescence, c'est à nous en tant qu'adulte responsable de prendre, de façon prépondérante, le relai de cette « sculpture ».

C'est à dire que tout en continuant à nous enrichir mutuellement les uns les autres par nos échanges, nous devons aussi devenir les principaux artisans, de la poursuite de notre développement, de notre épanouissement, de la réalisation de nos projets, et ce, en ayant beaucoup plus recours à ce que nous pensons **nous,** de ce qui est le mieux **pour nous,** pour réaliser tout cela.

Nous devons, **par exemple,** nous donner le **droit de bien choisir** les **personnes** que nous fréquentons, avec qui nous échangeons, pour élargir notre point de vue et leur apporter le nôtre. C'est à dire **des personnes qui, pas plus que nous ne les jugeons, elles ne nous jugent, et qui n'attendent pas de nous, que nous fassions seulement selon leurs attentes, mais aussi selon les nôtres.**

A l'inverse, nous devons **éviter,** où à défaut, **ne pas trop nous préoccuper** de ce que **d'autres personnes pensent, de ce qu'elles disent ou de ce qu'elles font,** parce que notre intuition (qui certes peut se tromper, mais le plus souvent est fiable) nous dit qu'elles ne sont ni crédibles, ni intéressantes, ni constructives, pour ne pas dire plus … et donc que **nous pouvons considérer que ces personnes « ne nous sont rien », et de ce fait, nous n'avons pas à nous préoccuper de ce qu'elles pensent/disent, ou pas, de nous !**

Mais pour pouvoir prendre le relai de cette façon là, encore faut-il **avoir** : une assez **bonne Image de Soi**, ce qui, hélas, n'est pas toujours le cas :

Le revers de la médaille, (l'envers ou le bon côté de la médaille étant, que sans les autres humains, et tout ce qu'ils nous ont apporté enfant : nous ne serions jamais devenus pleinement humains), **c'est qu'à cause de la façon dont cela se construit :**

l'enfant ne choisit ni ceux qui vont lui transmettre tout cela, ni tout ce qu'on lui transmet, que ce soit par le discours ou par l'exemple.

Il est d'avantage comme une éponge qui absorbe tout, d'autant plus qu'il est attaché affectivement aux adultes qui lui transmettent tout ça, et qu'à priori il croît, il leur fait confiance, et ne doute pas, ou pas trop, qu'ils aient forcément raison !

Petit à petit, il va donc se construire une certaine image de lui, **non pas tant à partir de ce que lui même pense de lui**, mais à partir de ce qu'il croît que les autres pensent de lui.

C'est là où « le ver peut entrer dans le fruit », le ver étant :

« J'ai toujours peur de ce que les Autres pensent de Moi » !

C'est à dire que son câblage neuronal, son connectome qui est le support de :

- comment il se représente,
- comment il se voit,
- comment il pense ou croît qu'il est ou qu'il n'est pas,
- comment il pense ou croît ce que sont ou ne sont pas les autres…

Ce n'est pas lui qui en est l'artisan principal.
L'artisan principal de la façon dont ses réseaux neuronaux se sont câblés / connectés, ou pas, afin de lui permettre de penser d'une certaine façon plutôt qu'une autre, **ce sont les autres.** C'est à dire ceux qui l'ont élevé, éduqué, pris soin de lui, aimé … ou pas assez, ou pas, ou mal, ou pas comme il en avait besoin !

L'image de soi, c'est à dire l'image que nous avons de nous, n'est donc qu'une : **« représentation »** de ce que nous avons interprété, et/ou de ce que nous avons cru, à tort ou à raison, **de ce que les autres nous ont dit, ou n'ont pas dit, de ce qu'ils pensent de nous,**

de la valeur qu'ils nous reconnaissent, ou qu'ils ne nous reconnaissent pas !

Or comme nous avons tous besoin de reconnaissance, tout ce qu'ils pouvaient dire, ou ne pas dire de nous, était forcément très important pour nous !

L'image de soi n'est aussi qu'une : « **interprétation** » **des comportements** qu'ils ont eus, ou pas, vis à vis de nous, et dont nous avons déduit, à tort ou à raison, quelle valeur, quelle importance nous avions à leurs yeux !

Pour reprendre tout cela de façon plus « parlante » **prenons l'exemple suivant :**

Parfois il peut arriver que des parents disent à leur enfant qui a fait, ce qu'ils estiment eux, une bêtise, et sans toujours se rendre compte de l'effet que cela peut avoir :
« Tu es méchant(e) » et face à cela, souvent l'enfant proteste vigoureusement, et il a raison, car il perçoit bien la dimension inacceptable d'une telle affirmation :
il **n'est pas** méchant, il a **fait** une bêtise, ce qui n'est pas du tout pareil.
Si cette affirmation se répète encore et encore, et surtout si elle provient aussi d'autres adultes responsables de l'enfant, comme un Enseignant, un grand-parent, ou autres, l'enfant peut finir par croire que, contrairement à ce que lui dit à juste titre son intuition, :
« Il **est** fondamentalement un être méchant », qui ne peut donc faire que des méchancetés, et l'on peut imaginer la suite.

Ici on a un assez bon **exemple** de ce que l'on peut nommer une « **fausse croyance »,** une « fausse idée/pensée » qui s'implante dans le cerveau de l'enfant : qui sera « supportée » par un réseau neuronal créé de toute pièce pour « héberger » cette fausse croyance :

« Je suis vraiment méchant(e) et comme personne ne peut aimer un(e) méchant(e) : on ne m'aime plus, personne ne m'aimera plus » : résultat d'un discours maladroit, quand il n'est pas manipulateur ou pervers, tenu par d'autres personnes pendant son enfance.

Même si ces personnes étaient sincères et pensaient bien faire en lui disant cela, c'était quand même faux ! Tant qu'il ne pourra pas vérifier que c'est faux, il continuera de le croire et donc il continuera d'agir en conséquence, et avec quelles conséquences !

C'est ce qui va être développé amplement dans les prochains chapitres.

Il peut donc y avoir un écart important entre ce que nous sommes réellement, et ce que nous pensons, imaginons, que nous sommes !

Tout comme il peut y avoir un autre écart important entre ce que nous sommes, et ce que les autres pensent, imaginent, que nous sommes !

Comme il peut y avoir encore un autre écart important entre ce que nous pensons, imaginons ce que sont les autres, et ce qu'ils sont réellement !

Nous comme eux, eux comme nous, ne sommes pas les principaux artisans de la manière dont notre cerveau s'est câblé/connecté, ou pas, pendant toute notre petite enfance et pendant notre enfance.

Si par la suite, eux comme nous, nous comme eux, sommes devenus de plus en plus les principaux artisans, de la poursuite du câblage de notre cerveau, nous n'avons pu le faire, que sur des bases, des fondations, construites par d'autres, et qui donc nous ont beaucoup influencés dans la façon, dont nous avons continué de nous câbler, et ce, sans que nous en soyons toujours vraiment conscients !

Attention !, je ne suis pas en train de dire, ou de sous entendre, qu'en fait nous ne nous connaissons pas nous mêmes, ni les autres, et que les autres ne nous connaissent pas !

Non, bien sûr que non, mais au vu de tout ce qui précède, on peut considérer raisonnablement, qu'il y a dans cette façon dont les choses se sont construites :

- beaucoup de sources de « **malentendus** », « **d'autrementendus** » (d'autrement entendu) comme me le disait plus subtilement une linguiste que j'ai connue,

- beaucoup d'interprétations erronées, ou pour le moins assez déformées.

Pas étonnant alors que nous soyons tous, à des degrés divers « **porteurs de fausses croyances** » qui peuvent être de plus, assez souvent **limitantes** et **dévalorisantes**, et c'est ce que nous allons examiner maintenant.

.

.

La construction de **l'identité** et de l'image de soi, la plasticité neuronale, le câblage neuronal ou « connectome », les cellules souches, les neurones miroirs, la loi de Hebb avec son corollaire et la Théorie de l'esprit constituent des connaissances et théories dignes d'intérêt. En effet elles nous aident à mieux comprendre le fondement de la question qui nous préoccupe ici : « Pourquoi j'ai toujours peur de ce que les autres pensent de moi ? ».

Nous avons vu ainsi dans le cadre des personnes victimes d'un AVC (Accident Vasculaire Cérébral), que c'est la rééducation avec la **focalisation de leurs pensées** sur tous les exercices, les ré-apprentissages réalisés, qui mobilise tout le potentiel de leur plasticité neuronale, pour « re-sculpter » la partie du cerveau concernée par l'AVC.

C'est exactement de la même manière, par la focalisation de notre pensée, que nous pouvons « sculpter » notre cerveau, pour acquérir un autre comportement, une autre langue, une autre croyance …

C'est toujours de la même façon, que par la seule puissance de notre pensée, en **focalisant suffisamment longtemps notre attention,** que nous pouvons tous, à des degrés divers, et dans certaines limites heureusement assez larges, « sculpter » notre cerveau autrement, comme nous l'avons vu avec la Loi de Hebb et son corollaire, pour penser d'une façon plutôt que d'une autre.

Il y a, de ce fait, une boucle entre notre cerveau, qui est le support de nos pensées, et nos pensées qui « sculptent » notre cerveau en permanence.

S'il est vrai que pour pouvoir devenir pleinement humain, en plus d'avoir un cerveau humain, il nous faut aussi avoir été élevé par des humains, le problème c'est que de ce fait, pendant notre enfance, ce sont surtout les autres, ceux qui nous ont élevés, qui ont principalement « sculpté » notre cerveau !

L'image de soi n'est donc qu'une : « **interprétation** » des comportements de ceux qui nous ont élevés, et qu'ils ont eus ou pas vis à vis de nous, et dont nous avons déduit, à tort ou à raison, quelle valeur, quelle importance nous avions à leurs yeux !

L'image de soi n'est aussi qu'une « **représentation** » de ce que nous avons interprété de ce qu'ils ont dit ou pas de nous.

C'est pourquoi, dès l'adolescence si possible, et en tout cas à l'âge adulte, vous devez vous donner le **droit** de bien **choisir** les **personnes** que vous fréquentez, avec qui vous échangez pour élargir votre point de vue et leur apporter le vôtre. C'est à dire des personnes qui pas plus que vous ne les jugez, elles ne vous jugent, et qui n'attendent pas de vous que vous fassiez seulement selon leurs attentes, mais aussi selon les vôtres.

A l'inverse, vous devez **éviter**, où à défaut, ne pas trop vous **préoccuper** de ce que **d'autres personnes pensent**, de ce qu'elles disent ou de ce qu'elles font, parce qu'elles ne vous paraissent ni crédibles ni intéressantes ni constructives, pour ne pas dire plus … et qui de ce fait, « **ne vous sont rien** ».

Mais il est nécessaire d'avoir une assez bonne image de soi, pour pouvoir prendre le relai pour « sculpter » son cerveau de cette façon là, ce qui, hélas, n'est pas toujours le cas :

Nous sommes tous en effet, à différents degrés, porteurs de **fausse croyances** : commettre une bêtise ne fait pas de vous un personne bête ou mauvaise, manquer de courage ne fait pas de vous une personne fainéante… , contrairement à ce qu'on a pu vous affirmer et que vous avez pu finir par croire.

Il peut donc y avoir un **écart** important **entre** ce que :

1 Vous **êtes réellement** et ce que vous pensez, **imaginez, que vous êtes** !

2 Vous **êtes** et ce que les **autres pensent**, imaginent que **vous êtes** !

3 Vous **pensez,** imaginez **ce que sont les autres** et **ce qu'ils sont réellement** !

C'est ce qui va être développé dans les prochains chapitres.

Chapitre Six : Les moyens et stratégies envisageables pour sortir de cet enfermement

.

.

.

.

Il y a des points communs et des différences pour les notions de : conscient / préconscient subconscient / inconscient, selon qu'on se réfère aux théories psychanalytiques, comportementales, philosophiques… ou celles des Neurosciences.

Mais ici, comme annoncé dans l'Introduction, nous ne retiendrons et n'utiliserons que les notions d'Inconscients et de Conscient telles que les Neurosciences nous permettent de supposer qu'elles fonctionnent en l'état actuel de nos connaissances.

.

.

POUR EN SAVOIR PLUS AFIN DE MIEUX COMPRENDRE

(En nous basant, entre autres, sur le livre remarquable du Dr Lionel Naccache :

« Le Nouvel Inconscient »).

Ce qui différencie la vision des choses, parmi d'autres, entre les Neurosciences et les théories psychanalytiques vis à vis de la notion d'inconscient, c'est que pour les Neurosciences, l'inconscient freudien qui a des intentions propres et des désirs propres : « inconscient intentionnel », ne peut appartenir à aucun des 3 niveaux inconscients des Neurosciences. Il ne peut appartenir qu'au niveau conscient tel que défini par les Neurosciences, car pour elles, seul le niveau conscient a l'apanage = peut disposer : d'intentions propres, de désirs propres, d'une volonté propre.

Pour les Neurosciences donc, ce qui empêche les pensées/idées de « l'inconscient intentionnel freudien » de parvenir à la Conscience ce n'est pas tant une « instance refoulante inconsciente » qui exerce sa « censure ».

C'est plutôt l'incapacité momentanée de ces pensées/idées là d'arriver à capter suffisamment l'**attention** du niveau conscient, pour pouvoir devenir conscientes (peut-être, par ex. parce que leur « thèmes/domaines/sujets … » dont elles étaient porteuses n'étaient pas assez proches du « centre d'intérêt, des préoccupations…" de la Conscience à ce moment là !),

et de ce fait, elles restent « non-conscientes ».

Contrairement à la notion d'inconscient psychanalytique (freudien), où il n'y a qu'un seul inconscient, qui peut avoir ses intentions propres, ses désirs propres, et qui aurait, de ce fait, le pouvoir de nous faire faire des choses à notre insu : « les actes manqués, les lapsus…», pour les Neurosciences, et selon le Dr Naccache, il n'y a pas qu'un seul inconscient, mais au moins trois niveaux d'inconscient, que l'on peut décrire ainsi :

Imaginons une tranche napolitaine à trois couches, surmontée d'un glacis de sucre ! :

1 La couche la plus profonde à la base, avec des petits réseaux neuronaux basiques, n'accède jamais directement à la Conscience (heureusement, car si chaque neurone de ce niveau «et ils

sont des milliards», individuellement, pouvait faire advenir à la Conscience son ressenti !!!, nous serions submergés !),

2 La Conscience, elle, avec son réseau neuronal propre « surplombe » la tranche napolitaine : c'est le glacis de sucre !

3 Entre les deux, nous trouvons les deux autres couches « inconscientes ».

4 Chaque couche inconsciente, de cette tranche napolitaine, peut communiquer avec les autres, et ce d'autant plus facilement quelle en est plus proche.

5 Seule la couche de la tranche la plus haute, avec des réseaux neuronaux beaucoup plus complexes (au plus on monte dans les couches « inconscientes » de cette tranche napolitaine, au plus les réseaux neuronaux sont complexes et densifiés), et qui est au contact des réseaux neuronaux conscients (le glacis de sucre !), pourra facilement échanger avec le niveau conscient.

Donc pour les Neurosciences, et contrairement aux théories psychanalytiques, aucun des différents inconscients n'a la capacité d'avoir des intentions propres, des désirs propres, et de ce fait, c'est plutôt l'inverse, de ce qui est décrit par les théories psychanalytiques, qui se passe :

C'est le niveau conscient qui a le pouvoir d'influencer, à différents degrés, le câblage neuronale des différents niveaux inconscients, et surtout celui du niveau inconscient qui lui est le plus proche.

Ce n'est donc que dans un deuxième temps que le niveau inconscient, le plus proche du niveau conscient, pourra influencer notre comportement, dans un sens plutôt que dans un autre, **et ce, presque toujours à notre insu.** Il ne le fait pas de son intention propre, de ses désirs propres, puisqu'il n'en a pas, mais **du fait qu'il a été au préalable influencé, dans ce sens là, par le niveau conscient :**

il ne fait donc que lui rendre ce qu'il en a reçu, mais sans qu'on s'en aperçoive forcément !

Par exemple : quand nous avons appris à conduire, nous l'avons d'abord fait « consciemment », puis progressivement nous avons transmis cet apprentissage à notre niveau « inconscient supérieur », sans nous en rendre compte.

Cela nous a permis par la suite de le laisser **s'occuper seul**, de la conduite du véhicule, ce qu'il fait très bien par « automatisme », et ce qui nous permet de pouvoir penser « consciemment » à différentes choses qui n'ont rien à voir avec la conduite, tout en conduisant, et ce sans risque particulier, car au moindre imprévu, notre niveau « inconscient » repassera immédiatement la main à notre niveau conscient, qui normalement, gérera au mieux la situation imprévue.

Autre exemple du passage d'une information du conscient à l'inconscient, pour laisser ensuite l'inconscient **gérer seul** la situation : **l'effet placebo :**

si un patient a suffisamment confiance en son médecin, et si celui-ci lui prescrit un « faux médicament » (à base de farine compressée ou autre = un placebo) sans lui dire bien sûr que c'est un faux médicament, pour soulager sa douleur. Très souvent le patient se sentira vraiment soulagé, et ce, de façon comparable à ce qu'il aurait obtenu comme résultat avec un vrai médicament ! **Et il en aurait été de même** si, sans lui donner un « faux médicament », il s'était contenté de lui affirmer qu'il n'avait rien de grave et que sa douleur allait donc vite disparaître : **sa seule parole, dans ce cas, aurait fait office d'effet placebo !**

Que s'est-il passé : le patient étant convaincu d'avoir pris un médicament efficace (ou d'avoir cru en la seule parole « placebo » du médecin), et ayant transmis cette conviction à son inconscient, celui-ci **par la seule force de la pensée** va faire sécréter au cerveau les molécules « anti-douleur » nécessaires pour soulager celle-ci ! Un peu comme si l'inconscient, étant persuadé d'avoir reçu l'aide nécessaire, il s'autorise à exiger du cerveau, qu'il fasse lui aussi sa part pour soulager la douleur, et le cerveau fera, en fait, « tout le boulot » tout seul, sans s'en rendre compte !

Hélas le corollaire « négatif » de l'effet placebo existe aussi : si quelqu'un à qui nous accordons notre confiance, et peu importe qu'il en soit digne ou pas, qu'il soit sincère ou manipulateur, nous affirme une « soit-disant vérité » et que nous la croyons (comme dans l'ex du patient et de son médecin), sans penser à vérifier le bien fondé de cette affirmation, puisque nous lui faisons confiance : cette « soit-disant vérité » qui en fait est une erreur, ou un mensonge ou une fausse-croyance ..., se gravera dans un réseau neuronal avec la même validité et agira avec la même force que si c'était une Réalité objective, **comme dans l'effet Placebo ci-dessus**, **mais avec cette fois, un effet nocif sur nous,** effet nocif produit par le réseau neuronal support de cette erreur, mensonge, fausse-croyance..., dans le sens où cela altèrera notre jugement, notre vision, notre ressenti ... !

(Cela ne veut pas dire qu'un « manipulateur » pourrait nous faire croire n'importe quoi : si ce qu'il nous affirme ne nous paraît pas crédible, cohérent..., en nous basant sur ce que sont nos connaissances à ce moment-là, il ne nous convaincra pas. Mais si nous ne savons pas que c'est un manipulateur, et que ce qu'il dit nous paraît crédible et cohérent, parce que à ce moment-là, nos connaissances sont insuffisantes pour repérer qu'il n'en est rien, et qu'en plus il sait « jouer » avec nos émotions, il a de bonnes chances de nous tromper.

Pour en savoir plus sur « comment se protéger des manipulateurs » je vous recommande la lecture de cet excellent ouvrage : « Petit traité de manipulation à l'usage des honnêtes gens » de Robert-Vincent Joule et Jean-Léon Beauvois).

En ce qui concerne la Conscience, pour les Neurosciences, elle est constituée d'un vaste ensemble de réseaux neuronaux qui lui est propre et qui recouvre l'ensemble de la surface du cerveau.

La Conscience s'active de façon « modulaire » c'est à dire qu'elle n'active que ses parties nécessaires à la réalisation de ce qu'elle veut faire à ce moment là, et seules ses parties activées communiquent avec les seuls réseaux neuronaux inconscients concernés, et spécifiques à ce type d'action / réflexion...

.

.

Nos différents niveaux inconscients, tels que décrits par les Neurosciences, ne peuvent pas « vouloir » influencer/manipuler notre niveau conscient,

alors que notre niveau conscient peut « vouloir » influencer, formater à différents degrés le niveau inconscient supérieur qui lui-même pourra plus ou moins transmette dans le même sens ce nouveau formatage qu'il a reçu, et ce de proche en proche, aux autres niveaux inconscients plus profonds.

Dans un deuxième temps seulement, le niveau inconscient supérieur pourra influencer aussi notre comportement et, le plus souvent, à notre insu, mais uniquement parce qu'il a été au préalable formaté, « sculpté » par notre niveau conscient :

il ne fait donc que lui rendre ce qu'il en a reçu, **comme dans l'exemple** de la conduite automobile, ou de l'effet placebo, cités dans l'encarté ci-dessus.

Quand je parlerai, par la suite, de réseaux neuronaux qui supportent nos pensées/idées « i**nconscientes** » il faudra entendre :

celles qui n'ont pas réussie à accéder à notre Conscience et qui « se battent » entre elles pour y accéder afin de devenir « conscientes », et qui sont donc, d'une certaine façon, plutôt « encore-non-conscientes », **et qui peuvent être supportées aussi bien :**

- par les réseaux neuronaux du niveau conscient, que

- par les réseaux neuronaux du niveau inconscient proche du niveau conscient.

C'est à dire que les réseaux neuronaux inconscients proches du niveau conscient, communiquent avec les réseaux neuronaux du niveau conscient, et tout comme ces derniers, ils ne peuvent accéder à la Conscience **si et seulement si** la Conscience leur prête suffisamment son **attention.**

Ce constat est une bonne nouvelle car il offre un champ vaste de possibilités comme nous le verrons par la suite.

Comment les « fausses croyances » peuvent elles se former dans notre cerveau ? ...
Réponse :
comme nous l'avons déjà vu par celles que nous ont transmises notre entourage depuis notre enfance, et par la suite,
par notre tendance à prendre pour la Réalité, ce qui n'est parfois que notre interprétation erronée de la Réalité.

Voyons cela :

Pour les Neurosciences, comme pour les théories psychanalytiques, la Conscience a, entre autres, comme spécificité extraordinaire d'être capable d'Interpréter la **Réalité objective**, et là il peut y avoir, pour simplifier, deux types de situations possibles :

Soit on est en face de la Réalité objective que l'on est en train d'interpréter, comme

par exemple :
je **vois** des taches vertes accrochées à des lignes brunes qui elles-mêmes ce rattachent à un gros cylindre vertical qui rejoint le sol, et **j'interprète** en même temps, dans un même mouvement, tout cela comme étant : **un arbre.**
Dans ce cas, le fait de **voir** la réalité objective : **le végétal qui est devant moi**, en même temps qu'on est en train **d'interpréter** que : **c'est un arbre**, nous aide beaucoup à ne pas en faire une interprétation, et donc une description, trop fantaisiste.

Mais si à l'inverse on vous demande de décrire l'arbre qui était dans votre jardin, quand vous étiez petit enfant. Si vous n'avez pas depuis revu cet arbre, et si vous ne le **voyez pas** maintenant ? Alors là, il y a de fortes chances que la façon dont vous allez **interpréter** à quoi ressemblait cet arbre, soit beaucoup plus éloignée de ce qu'il était vraiment.

Car la Réalité objective, l'arbre en question et tel qu'il était alors, n'étant plus là en face de vos yeux pour vous aider à corriger votre interprétation, votre description risque d'être beaucoup plus fantaisiste.

Notre capacité à interpréter le réel est un outil fantastique, que nous les humains maîtrisons parfaitement, mais il a aussi son revers à savoir le risque d'interpréter le Réel d'une façon erronée ou trop déformée, si la Réalité objective n'est pas là pour nous apporter la correction nécessaire, comme dans **l'exemple** ci-dessus, **et ce sans que nous nous en rendions compte.**

Nous pouvons ainsi continuer de croire que la vraie Réalité c'est ce que nous avons interprété, et non pas la Réalité objective elle-même, qui peut être plus ou moins différente, avec toutes les conséquences que cela peut avoir.

Ce qui risque le plus souvent de renforcer cette tendance à prendre pour la Réalité ce qui n'est que notre interprétation de la Réalité, c'est notre besoin de donner / trouver du sens à ce à quoi nous sommes confrontés. Au point que si nous ne trouvons pas, ou pas assez, de sens à la Réalité que nous vivons, nous lui en inventerons un, par le biais de l'interprétation que nous ferons de cette Réalité, et ce, le plus souvent, sans même nous en rendre compte !

Autrement dit, il apparait que nos réseaux neuronaux, qu'ils soient conscients ou inconscients, se fiant à l'interprétation que leur communique notre Conscience :

risquent de se câbler d'une façon qui donne :

- à ce que nous ont transmis ceux qui nous ont élevé, ou

- à ce que, par la suite, nous avons interprété de la Réalité.

  la même validité qu'à la Réalité objective.

Ce qui permet de reconsidérer complètement beaucoup de choses dans le sens où :

L'on pourrait donc faire admettre à ces deux niveaux conscient et inconscients, supportés par autant de réseaux neuronaux, que ce que nous aurions construit de toute pièce dans notre psychisme : dans notre réalité intérieure, et à condition que ce soit cohérent et que nous y croyons comme par exemple :

« Je vais apprendre à surfer car je suis sûr que ça va me plaire » (que ce soit vrai ou faux) ou,

« Je suis bien-vu par mes collègues » (que ce soit vrai ou faux), ou comme vu précédemment, :

« Je suis méchant(e) » (que ce soit vrai ou faux)…,

est tout aussi crédible, est tout aussi « vrai » que la Réalité extérieure : le soleil se lève chaque jour, l'eau de mer est salée, … !

Si tout seul, nous ne pouvons pas changer grand chose à la Réalité extérieure (à la Réalité objective), par contre, cette réalité intérieure qu'est notre psychisme, (et plus précisément les réseaux neuronaux qui le supportent, qu'ils soient conscients ou inconscients) il ne dépend en grande partie que de nous de la changer, et de ne plus laisser, sans notre consentement, les autres la créer, ou participer à sa construction, comme ils l'ont fait majoritairement pendant toute notre enfance, et que nous les laissions continuer de faire, si nous n'avons pas assez confiance en nous, et si nous continuons à trop nous préoccuper de ce que les autres pensent de nous.

... Et comment les repérer pour s'en protéger ?
Moyens et stratégies pour sortir de cet enfermement :

Les neurosciences nous ont donc apporté ces dernières années beaucoup de connaissances nouvelles, qui ne cessent d'ailleurs de s'accumuler, et qui nous ont permis de commencer à élaborer de nouvelles théories et stratégies, dont certaines, comme celles développées par les Dr J.M. Schwartz & R. Gladding aux USA, peuvent nous apporter, non seulement un éclairage sur le sujet qui nous intéresse, mais aussi des solutions pour essayer de résoudre au mieux le problème de cet « enfermement ».

Nous allons donc découvrir ensemble, l'une de ces théories et sa stratégie, que je vais essayer de vous présenter de la façon la plus simplifiée et imagée possible.

Tout d'abord, quelques notions de base de cette théorie :

Les « faux messages trompeurs du cerveau »
Rien n'est plus déstabilisant, voire douloureux que lorsqu'une partie de votre cerveau (représentée par certains réseaux neuronaux) s'en prend à vos pensées, attaque votre estime de soi, met en doute vos compétences, ou essaye de vous dicter vos actions.
Ces différentes manifestations d'une partie du cerveau, peuvent se définir comme étant des : « faux messages trompeurs du cerveau ».

Le « vrai soi »
Quand on vit en accord avec son « vrai soi », on se voit soi-même pour ce que l'on est réellement et c'est basé sur : sa détermination à réaliser ses valeurs, et à atteindre les buts auxquels on croît vraiment, et que l'on s'est fixés soi-même.

Le « moi authentique »
C'est la partie de votre esprit la plus authentique, votre « moi » le plus vrai, qui détient votre capacité à focaliser votre attention sur ce que vous jugez important et positif pour vous. Il peut avoir une vision d'ensemble, incluant votre valeur propre, vos capacités, et vos réalisations.
Le « moi authentique » sait faire le tri entre ce que vous pensez vraiment, et les « faux

messages trompeurs du cerveau » qu'il prend pour ce qu'ils sont, et dont il sait d'où ils viennent.

Il est très attentif, à quel point, peuvent être destructives et malsaines, les réponses automatiques à ces « faux messages trompeurs du cerveau », que vous avez eues jusqu'à présent.

Si nous disposons d'un « libre arbitre », aussi « relatif » soit-il, c'est là qu'il se situe.

Le cycle infernal des « faux messages trompeurs du cerveau »

Le coût dévastateur de ces faux messages trompeurs du cerveau, dans la vie des personnes qui les écoutent, peut se concrétiser sous la forme : de dépression, d'anxiété, de difficultés relationnelles, d'isolement, d'addictions diverses, d'habitudes malsaines, de craintes infondées comme *la crainte systématique de ce que les autres peuvent penser de nous*, et de bien d'autres choses.

Quand ces personnes n'ont pas l'habitude d'utiliser leur « moi authentique » pour regarder leur vie avec une vision d'ensemble et qu'ils n'alignent pas leurs actions avec leur « vrai soi », ces personnes risquent de rester engluées définitivement dans le cycle infernal des « faux messages trompeurs du cerveau ».

Pour comprendre comment ces cycles destructeurs (constitués de 3 étapes successives qui se referment sur elles mêmes) s'installent chez une personne, prenons **l'exemple** de la dépendance à une substance comme l'alcool, ou toute autre drogue, ou comportement néfaste :

1) le signal

Il apparait avec un ressenti de profond mal-être, voire d'angoisse, qui va faire rechercher un moyen de calmer ce mal-être, cette angoisse, ce qui est tout à fait normal, mais à condition que « le remède ne soit pas pire que le mal » !

Quand ce signal apparait pour la première fois : nous sommes à la croisée des chemins :

Soit la personne va trouver seule, ou avec une aide, un moyen efficace et constructif de calmer, d'atténuer ce mal-être, et elle aura de bonnes chances d'échapper à un cycle infernal et destructeur.

Soit elle ne va trouver qu'un moyen momentanément efficace, **mais néfaste,** d'apaiser son mal-être : l'alcool ou tout autre drogue, ou comportements nocifs, et alors, un cycle destructeur risque de s'instaurer.

2) la routine

Le moyen trouvé ayant fait la preuve de son efficacité, tout aussi relative et momentanée que ce soit, il va s'imposer, et pousser la personne à l'utiliser à nouveau, et ce, chaque fois que ce mal-être apparaitra au départ, mais ensuite, et de plus en plus, surtout pour ressentir à nouveau l'effet « flash » de la substance addictive, créant ainsi un « manque » qui alimentera la routine.

3) le soulagement

Le soulagement, plus ou moins durable, qui est obtenu par le moyen qui a été trouvé, crée la relative efficacité de ce moyen, et le transformera rapidement en routine, jusqu'à ce que l'effet apaisant s'estompe, puis disparaisse, pour laisser à nouveau la place au mal-être, à l'angoisse, puis, par la suite, au « manque » qui re-déclenche le signal 1) … et le cycle destructeur se poursuit.

En nous calquant sur cet **exemple**, prenons donc maintenant la question qui nous préoccupe ici, de ce que peuvent être ces cycles néfastes, qui se déroulent en 3 étapes successives, se refermant sur elles-mêmes, avec « la peur systématique de ce que les autres pensent de moi » alimentée par les « faux messages trompeurs du cerveau » :

Etape 1 : Le signal

Face à l'attitude réelle ou supposée de l'autre, qui ne correspond pas à ce que l'on espérait, attendait, l'angoisse surgit au point de créer un mal-être plus ou moins profond.

Etape 2 : La routine : la réponse sous forme de comportement inadapté

« Qu'est-ce que les autres ont dû penser de ce que j'ai dit ou pas dit, de ce que j'ai fait ou pas fait … vu leur attitude qui ne correspond pas à ce que j'attendais, j'espérais. » = « Faux message trompeur du cerveau ».

Selon le contexte, et à différents degrés, elles ressentent alors un ou plusieurs des éléments suivants : de la peur, de la crainte, de la honte, de la culpabilité, de la tristesse, du découragement…

Tous ces sentiments sont alimentés par autant de faux messages trompeurs du cerveau, qui entraîneront de façon impérieuse, le besoin de faire tout ce qui leur est possible, pour essayer de savoir ce que les autres en ont **soi-disant pensé**.

Selon la réponse obtenue, **si** elle est obtenue, elles vont modifier leur discours, ou leur comportement, **même si cela peut être à leur détriment**, dans le sens **de ce qu'elles supposent être souhaité par l'autre/les autres,** mais sans en être jamais certaines, car « on n'est pas dans la tête de l'autre ! », pour qu'ils gardent une bonne image d'elles **par exemple** (mais là aussi, sans en être jamais certaines car encore une fois « on n'est pas dans la tête de l'autre ! »).

Etape 3 : Le soulagement

En agissant ainsi elles vont ressentir un relatif soulagement, qui est suffisamment efficace pour les inciter à renouveler ce comportement, chaque fois que le mal-être lié à la peur de ce que les autres pensent d'elles apparaîtra, jusqu'à ce qu'une autre situation advienne, ou l'attitude réelle ou supposée des autres, ne corresponde pas à nouveau à ce qu'elles en attendaient, espéraient, et qui déclenchera encore et encore le signal 1).

Le cycle se referme donc sur lui-même, suite à cette réponse « inadaptée» (inadaptée dans le sens où : c'est ce que pensent **soi-disant** les autres d'elles qui déterminent principalement leur conduite). Cela engendre plus ou moins inconsciemment, une insatisfaction d'avoir obéit à cette sorte de « dictat » du faux message trompeur du cerveau.

A cela s'ajoute l'incertitude de la réelle validité, de ce qu'elles ont éventuellement obtenue comme réponses, de la part des autres, de ce qu'ils pensaient d'elles.
Enfin et surtout, cela renforcera encore plus, par la répétition de ces 3 étapes, les connexions du réseau neuronal support de ce faux message trompeur du cerveau, ce qui créera le quasi automatisme de la réponse, comme nous allons l'examiner plus en détail dans ce qui suit (contrairement aux personnes qui ne se préoccupent pas forcément de ce que les autres pensent d'elles : elles peuvent parfois s'en préoccuper **mais jamais de façon automatique**).

Nous allons maintenant découvrir la validité et l'utilité de la stratégie qui suit, avec ses différentes étapes, pour sortir de ce cycle destructeur.

La clé, l'outil majeur de cette stratégie c'est notre capacité que nous avons tous de :

« **Focaliser notre attention** » sur ce que nous **jugeons important pour nous,** et

« **de Refuser de prêter attention** » à ce qui ne le **mérite pas.**

Soit! me direz-vous, mais en quoi faire cela peut-il nous aider à sortir de ce cycle destructeur ?

C'est ce qu'expliquent les 3 étapes de cette stratégie que je vais d'abord vous décrire le plus brièvement possible, avant de vous résumer tout ce que nous venons de voir, d'une façon plus imagée et abordable, dans un deuxième temps dans le prochain chapitre.

Dans le cadre de cette stratégie il vous faut donc dans la première étape concentrer votre attention pour qu'elle :

1) Repère pour les **étiqueter**, les « **faux messages trompeurs du cerveau** »

À ce stade votre attention observe bien **les pensées qui vous viennent spontanément à l'esprit** afin de les étiqueter. Elle va ainsi repérer parmi elles les « faux messages trompeurs du cerveau » qui essayent de vous faire croire qu'ils sont « détenteurs d'une vérité absolue à laquelle vous devez vous plier tout de suite ! ».

Très bien, mais comment s'y prendre pour les repérer ?

L'une des meilleures façon de le faire, c'est d'avoir recours à des techniques éprouvées, comme le sont différentes techniques de méditation, et plus particulièrement pour les Occidentaux, le « Mindfullness » ou « Pleine Conscience », enseignée par le Dr Jon Kabat-Zin aux USA, et par ses adeptes en France.

La « **Pleine Conscience** » est un processus qu'on ne peut acquérir que par l'**expérience**, aussi est-il nécessaire que vous puissiez la pratiquer au préalable.

En attendant, un exercice valable à réaliser pour cela, et qui ne vous prendra que quelques petites minutes par jour (3' à 5', ou plus si vous le souhaitez) pour aborder la Pleine Conscience, consiste à vous trouver un endroit où vous ne serez pas dérangé et puis, tout en vous concentrant sur votre respiration qui vous sert d'ancrage, remarquer quand **vos pensées spontanées** entrent et sortent de votre esprit, sans au départ, poser de jugement sur ces pensées spontanées.

Portez seulement votre attention sur le fait qu'elles apparaissent, puis disparaissent, pour laisser la place à une autre qui apparait à son tour, etc.

Quand vous l'avez fait, retournez à votre respiration. Cet exercice vous permettra de mieux prendre conscience de la survenue de vos pensées spontanées quand elles surgissent au cours de votre journée.

N'oubliez pas, l'objectif à ce stade est de prendre conscience du processus, pas du contenu des pensées trompeuses : des « faux messages trompeurs du cerveau ». Il suffit de regarder les pensées qui arrivent, de prendre conscience qu'elles arrivent, sans y attacher de signification particulière, ni de jugement, puis de constater qu'elles disparaissent.

Alors, seulement quand vous maîtriserez bien cette capacité à observer, à repérer, quand une **pensée survient,** et quand **elle disparait,** puis par quelle autre pensée elle est remplacée, et ainsi de suite, vous pourrez, dans un second temps, beaucoup plus facilement, « mettre le doigt » sur les « faux messages trompeurs du cerveau ».

Vous devrez alors les **étiqueter pour ce qu'ils sont réellement** :

non pas l'expression d'une vérité fondamentale, à laquelle vous ne pouvez que vous soumettre immédiatement et automatiquement,

mais l'expression de « simples faux messages trompeurs du cerveau », rien de plus, et auxquels vous n'avez absolument pas à obéir, et nous verrons plus bas comment y parvenir.

Dans la 2ᵉ étape de cette stratégie il vous faudra à ce stade :

2) **Distinguer et séparer : faire le tri.**

Il s'agit maintenant de comprendre que les « faux messages trompeurs du cerveau », que vous venez d'étiqueter comme tels, sont distincts de votre « vrai soi », de votre « moi authentique ». Ils ne **représentent** absolument **pas** ce que **vous êtes** vraiment, pas plus que ce à quoi vous aspirez pour rester en accord avec vous-même.
Cela dit, il faut l'admettre, c'est à ce stade que se situe l'étape la plus délicate, la moins facile à bien exécuter de cette stratégie : car certains faux messages du cerveau sont tellement bien « déguisés », ou on y croît tellement depuis toujours, qu'on peut parfois difficilement les repérer comme tels, pour bien les distinguer de nos pensées positives qui, elles, nous représentent bien.

Autant pour certains de ces messages trompeurs, on devrait pouvoir, avec cette stratégie, arriver assez facilement à les étiqueter pour ce qu'ils sont, autant pour d'autres il sera peut-être nécessaire de se faire aider par un professionnel : chacun est **seul juge**.

Cependant ce qui peut s'avérer être une aide précieuse pour faire ce tri, consiste à les passer aux cribles/filtres suivants :

« Est-ce que cette **idée/pensée spontanée** qui essaye de s'imposer à moi, et que j'observe, est **de l'ordre du Savoir, ou de la Croyance ?** ».

Par exemple : nous pouvons pour cela nous inspirer de cette histoire, que nous avons tous appris un jour à l'école : la révolution copernicienne. Les Hommes ont longtemps cru qu'ils **savaient** que le Soleil tournait autour de la Terre. Plus tard, Copernic, relayé par Galilée, leur a permis de **savoir** que c'était en fait l'inverse. Le **précédant savoir** s'est transformé en **croyance**, fausse de plus. (Toute aussi fausse que celle du « Père Noël »).

Quel tollé cela a provoqué à l'époque de la part de l'Eglise, et de beaucoup d'autres Puissants, à cause du bouleversement que cela provoquait dans l'Ordre établi car : pour continuer à exercer le Pouvoir il fallait, entre autre, maintenir cet Ordre.

Essayons donc, dans la mesure du possible, d'être des coperniciens pour nous-mêmes, et attendons-nous, de ce fait, à soulever parfois aussi un véritable tollé dans notre réalité intérieure !
Si donc cette pensée/idée que l'on observe s'avère, jusqu'à preuve du contraire, **être du côté du Savoir** : très bien : on lui donne le feu vert.

Par contre si, de toute évidence, elle est **de l'ordre de la Croyance**, alors là, il faut la soumettre au 2ème crible/filtre, :

est-ce qu'on est sûr d'en être soi-même à l'origine ? Si oui (parce que nous nous souvenons très bien comment nous avons « créé » cette croyance, et que c'était à partir d'éléments qui nous ont parus, et nous paraissent toujours fiables et cohérents, comme : « je **crois** aux sentiments amicaux de mon meilleur ami d'enfance ») : à nouveau, et jusqu'à preuve du contraire, on lui donne le feu vert.

Si on est sûr, à l'inverse, que nous ne sommes pas à l'origine de cette croyance (parce que l'on se souvient assez bien qui nous l'a transmise, comme dans **l'exemple** cité plus haut, du faux message trompeur du cerveau : « je suis vraiment méchant(e) … ») : il faut alors nous donner le droit, même si ça peut être difficile, de la reconsidérer sérieusement :

C'est à dire : sur quoi se sont fondés ceux qui nous l'ont transmise, dans quel contexte, face à quelle situation… , y a t'il eu ou non par la suite, d'autres affirmations, ou des faits, qui sont venus **contredire** la teneur de cette **croyance** ? Si oui : avaient-ils un fondement plus fiable et cohérent que celui de cette **croyance** ?

Auquel cas il serait peut-être grand temps de l'étiqueter pour ce qu'elle est vraiment : un « faux message trompeur du cerveau », et non une vérité fondamentale qui nous définit.

Autrement dit, et pour éviter tout malentendu :

Il ne s'agit pas de penser qu'il n'est pas souhaitable de croire : les êtres humains ont besoin de croire : nous avons besoin de croire dans l'amour de nos enfants, de nos parents, en notre valeur, en nos amis, en un avenir meilleur, etc. Tout cela ne constitue pas pour autant un Savoir, comme on pourrait le croire, mais bel et bien des Croyances qui ont, néanmoins, un réel effet bénéfique et important pour nous.

Non, le problème ce sont les fausses croyances, qui elles peuvent avoir un effet nocif, quand il n'est pas dévastateur. **Une excellente parade pour pouvoir s'en protéger,** et aussi bien de celles qui sont déjà en nous, que de celles qui pourraient se présenter à nous par la suite, **c'est le Savoir, l'accumulation de « Connaissances » toute notre vie :**

comme nous le verrons plus tard dans le chapitre 9), les personnes qui sont très motivées et curieuses d'apprendre toujours davantage de choses, d'expérimenter, de résoudre des problèmes, d'apprendre de leurs erreurs, etc. bénéficient de ce fait, de cette très bonne parade, pour pouvoir repérer la plupart des fausses croyances, que celles-ci soient déjà en elles, ou si elles les rencontrent par la suite (**par exemple** : un peu comme les raies Manta, qui doivent régulièrement passer à la « station de nettoyage » : c'est-à-dire, dans un endroit précis de l'océan, ou des petits « poissons nettoyeurs », vont les aider à se débarrasser de leurs parasites, afin qu'elles retrouvent un meilleur confort et qu'elles restent en bonne santé : de la même façon, les personnes qui accumulent en permanence de nouvelles Connaissances (des petits poissons nettoyeurs), ont ainsi la possibilité de se débarrasser au fur et à mesure des fausses croyances (les parasites) qui auraient pu s'accumuler en elles, depuis leur dernier « nettoyage »).

Pour autant, cela n'a pas besoin d'être fait à 100 %, (et de toute façon, même si nous le voulions, nous ne le pourrions pas), pas plus pour les raies Manta, que pour ces personnes : il faut accepter que nous soyons des êtres limités, mais que dans le cadre de ces limites, nous pouvons quand même faire beaucoup de choses.

Le Savoir, nous apporte aussi un avantage très appréciable : il nous permet de ne pas avoir peur de l'inconnu, de l'imprévu, dans le sens où il nous permet, le plus souvent, de transformer l'inconnu en connu, et de savoir assez bien gérer l'imprévu. Au point même, que l'on peut dire et vérifier (comme je vous y invite) que : l'on a peur que de ce que l'on ne connaît pas !

Savoir cela permet de placer une « zone tampon » entre ces « messages trompeurs » et la réponse sous forme d'action automatique, de se livrer à des comportements qui peuvent être préjudiciables.

Vous pouvez également les distinguer, pour les séparer de vos pensées positives, constructives, si les cribles/filtres précédents ne vous apportent pas une réponse suffisamment précise, en écoutant beaucoup plus votre Moi authentique qui vous exprime clairement que :

« Ce n'est pas Moi; je ne me reconnais pas dans cette pensée spontanée, c'est juste une partie mal câblée de mon cerveau qui veut capter mon attention, mais ce n'est pas Moi ! ».

Dans la 3ᵉ et dernière étape de cette stratégie il vous faudra :

3) Focaliser votre Attention sur une Activité Positive :

Pour neutraliser ces « capteurs d'attention destructeurs » que peuvent être les « faux messages trompeurs du cerveau », il faut concentrer/focaliser votre attention sur une activité productive, agréable ou amusante, positive… Pour ce faire, vous aurez besoin de choisir un comportement constructif et utile qui capte votre attention.

Cependant, puisqu'il est assez difficile à imaginer des façons de s'occuper autrement, lorsque vous êtes au beau milieu des messages trompeurs, qui se manifestent avec force dans votre cerveau, **il est préférable de noter au préalable, dans un moment où vous vous sentez détendu, une liste d'activités de détournement de votre attention, que vous pourriez toujours mettre en place rapidement, et quel que soit le contexte, avant que de « faux messages trompeurs » vous « tombent dessus », et essayent de capter votre attention.**

Beaucoup de gens pensent à tort, que refuser de prêter attention à une pensée fausse et trompeuse, signifie de la rejeter pour lui échapper, ou l'enlever. Alors qu'en fait, il s'agit plutôt de gérer vos réponses aux pensées et sentiments pénibles spontanés, **en leur permettant, ou non, d'exister, d'être présents.**

Si vous essayez de forcer les pensées et les sensations négatives spontanées à s'en aller, vous les alimentez par l'attention que vous portez à cela, et vous renforcez cette réponse dans votre cerveau (Tout comme dans le cas d'un enfant qui essaye d'attirer notre attention en faisant une bêtise : si nous réagissons par une réprimande ou autre, il aura la confirmation qu'en agissant ainsi il nous « touche », il peut capter notre attention, et il risque de recommencer. Alors que si on l'ignore, si on ne lui prête pas attention (si on peut se permettre d'agir ainsi, car parfois on est bien obligé de réagir !) il y a beaucoup plus de chance qu'il n'insiste pas très longtemps, et que soit il « laisse tomber », soit il essaye autre chose !).

Tandis que, si vous les laissez flotter (en les ignorant), et choisissez de vous concentrer sur une activité saine, votre esprit, votre attention sera naturellement focalisée sur la pensée qui est associée à cette activité saine, et qui prendra la place de la pensée spontanée trompeuse. **Quand on focalise son attention : on ne peut la focaliser que sur une idée/pensée à la fois, il n'y a pas de place dans ce cas là pour deux pensées différentes en même temps.**

Comme promis nous allons reprendre tout cela d'une façon plus résumée et plus imagée dans le chapitre suivant.

En résumé

Cette réalité intérieure, qui est votre psychisme, il ne dépend en grande partie que de vous de la changer !

Il ne dépend que de vous de ne plus laisser (sans votre consentement) les autres la créer, ou participer à sa construction !

Voyons l'une des stratégies que nous propose les Neurosciences, pour gérer les « faux messages trompeurs du cerveau », et tout d'abord quelques unes de ses définitions :

- Rien n'est plus déstabilisant, voire douloureux, d'observer qu'une partie de votre cerveau s'en prend à vos pensées, attaque votre estime de soi, met en doute vos compétences, ou essaye de vous dicter vos actions.

Ces différentes manifestations d'une partie du cerveau, peuvent se définir comme étant des **« faux messages trompeurs du cerveau ».**

- **Le cycle infernal des « faux messages trompeurs du cerveau ».**

Le coût dévastateur de ces faux messages trompeurs du cerveau dans votre vie, peut se concrétiser sous la forme : de dépression, d'anxiété, de difficultés relationnelles, d'isolement, d'addictions diverses, d'habitudes malsaine, de craintes infondées, comme la crainte systématique de ce que les autres peuvent penser de vous, et de bien d'autres choses.

Si vous n'avez pas l'habitude d'utiliser votre « moi authentique », pour regarder votre vie avec une vision d'ensemble, et que vous n'alignez pas vos actions avec votre « vrai soi », vous risquez de rester englué(e)s définitivement, dans le cycle infernal des « faux messages trompeurs du cerveau ».

Ce cycle comporte 3 étapes :

1) Le signal : Face à l'attitude, réelle ou supposée, de l'autre, qui ne correspond pas à ce que vous espérez, attendez, l'angoisse surgit au point de créer un mal-être plus ou moins profond.

2) La routine : La réponse sous forme de **comportement inadapté** : « Qu'est-ce ce que les autres on dû penser de ce que j'ai dit ou pas dit, de ce que j'ai fait ou pas fait… ? », vu leur attitude qui ne correspond pas à ce que vous attendiez, espériez = « faux message trompeur du cerveau ».

Alors vous ressentez de la peur, de la crainte, de la honte, de la culpabilité, de la tristesse, du découragement… selon le contexte. Tous ces sentiments sont alimentés par autant de faux messages trompeurs du cerveau, qui entraîneront de façon impérieuse le besoin de faire tout ce qui est possible, pour essayer de savoir ce que les autres en ont **soi-disant** pensé.

Selon la réponse obtenue, **si** elle est obtenue, vous allez modifier votre discours, ou votre comportement, **même si cela peut être à votre détriment**, dans le sens de ce que vous supposez être souhaité par l'autre/les autres, mais sans en être jamais certains, car « on n'est pas dans la tête de l'autre ! »

3) Le soulagement : En agissant ainsi, vous ressentez un relatif soulagement, qui est suffisamment efficace, pour vous inciter à renouveler ce comportement chaque fois que le mal-être, lié à la peur de ce que les autres pensent de vous, apparaîtra. Cela, jusqu'à ce qu'une autre situation advienne, où l'attitude, réelle ou supposée, des autres, ne corresponde pas à nouveau à ce que vous en attendez, espérez et qui déclenchera encore et encore le signal 1).

Le cycle se referme donc sur lui-même suite à cette réponse « inadaptée» : inadaptée dans le sens où : c'est ce que pensent soi-disant les autres de vous, qui déterminent principalement votre conduite, et il ne devrait pas en être ainsi.

Cela engendre plus ou moins inconsciemment, une insatisfaction d'avoir obéit à cette sorte de « dictat » du faux message trompeur du cerveau, à laquelle s'ajoute l'incertitude de la réelle validité, de ce que vous avez éventuellement obtenu comme réponses de la part des autres, de ce qu'ils pensaient de vous.

Nous allons maintenant découvrir la validité et l'utilité de cette stratégie, avec ses 3 parties , pour que vous puissiez sortir de ce cycle destructeur :

- La clé, l'outil majeur de cette stratégie c'est votre capacité :

de « **focaliser votre attention** » sur ce que vous jugez important pour vous, et

de refuser de « **prêter attention** » à ce qui ne le **mérite pas.**

- Les 3 parties de cette stratégie pour sortir de ce cycle destructeur sont :

1) Repérer et étiqueter les « faux messages trompeurs » du cerveau.

Comment s'y prendre pour les repérer ? : Par ex. en s'inspirant de la « Pleine Conscience », en réalisant cet exercice de 3 à 5 minutes chaque jour :

dans un endroit calme, concentrez-vous sur votre respiration qui vous sert d'ancrage, et remarquez quand **vos pensées spontanées** entrent et sortent de votre esprit, sans jugement. Portez seulement votre attention sur le fait qu'elles apparaissent puis disparaissent à leur tour pour laisser place à une autre pensée spontanée…Dans un second temps, vous pourrez plus facilement « mettre le doigt » sur les « faux messages trompeurs ».

Une fois repérées, vous devrez alors étiqueter ces pensées spontanées pour ce quelles sont : de simples « faux messages trompeurs », rien de plus, et auxquelles vous n'avez absolument pas à obéir.

2) Distinguer et séparer : faire le tri.

Pour distinguer parmi vos pensées spontanées, celles qui vous représentent bien, de celles qui ne sont que des « faux messages trompeurs du cerveau », ce peut être en les passant aux cribles cribles/filtres suivants :

« Est-ce que cette **idée/pensée** spontanée qui essaye de s'imposer à moi, et que j'observe, est de l'ordre du **savoir** ou de la **croyance** ? Et si elle est de l'ordre de la croyance il faut que je vérifie si elle est toujours vraiment fondée ou si elle n'est qu'une fausse croyance dont il faut que je me débarrasse.

Ou en écoutant beaucoup mieux votre Moi authentique, qui vous dit très clairement :

« Ce n'est pas Moi; je ne me reconnais pas dans cette pensée spontanée, c'est juste une partie mal câblée de mon cerveau, qui veut capter mon attention, mais ce n'est pas Moi ! ».

3) Focaliser son Attention sur une Activité Positive :

Noter au préalable, dans un moment où vous vous sentez détendu, une liste d'activités de détournement de votre attention, que vous pourriez toujours mettre en place rapidement et quel que soit le contexte, avant que de «faux messages trompeurs » vous « tombent dessus », et essayent de capter votre attention.

Si vous essayez de forcer les pensées et les sensations négatives spontanées à s'en aller, vous les alimentez par l'attention que vous portez à cela, et vous renforcez cette réponse dans votre cerveau.

Tandis que, si vous les laissez flotter (en les ignorant) et choisissez de vous concentrer sur des activités saines, votre esprit, votre attention sera naturellement focalisée sur la pensée qui est associée à cette activité saine, et qui prendra la place de la pensée trompeuse.

Quand on focalise son attention : on ne peut la focaliser que sur une idée/pensée à la fois, il n'y a pas de place dans ce cas là pour deux pensées différentes en même temps, et nous allons développer ce point plus avant, un peu plus bas.

.
.
.

Chapitre Sept : De façon plus résumée et imagée

.

.

.

.

Nos pensées pour exister ont besoin d'avoir un support physique. Ce support existe dans notre cerveau sous la forme :

    - de **réseaux neuronaux simples** pour les pensées/idées simples et

    - d'un **ensemble de réseaux neuronaux plus ou moins complexes** pour les pensées/idées complexes.

Ces réseaux neuronaux se forment tout au long de notre vie : au départ, dans notre petite enfance, tout ce que nous pouvions voir, entendre, sentir, goûter, toucher… notre cerveau essayait de l'interpréter, pour que nous puissions en avoir un embryon de pensées/idées. Pour ce faire, notre cerveau a dû commencer à créer des réseaux neuronaux, plus ou moins simples au départ, puis en les enrichissant et/ou en les multipliant, avec toutes nos nouvelles découvertes/**expériences quotidiennes** de petit enfant, les transformer en réseaux de plus en plus complexes.

De même par la suite, quand nous avons commencé à maîtriser le langage, grâce aux réseaux neuronaux que nous avions fabriqués pour cela, le fait d'entrer dans la communication verbale, nous à fait faire un bond gigantesque, dans la création de nouveaux réseaux neuronaux beaucoup plus complexes et beaucoup plus nombreux. Ceux-ci étaient donc autant de supports de ces nouvelles connaissances/pensées/idées, que nous pouvions acquérir en communiquant avec nos proches, notre entourage.

Tout ceci nous a permis dès l'enfance de « mettre de l'ordre » dans ce monde dans lequel nous étions plongé, en interprétant le Réel : que ce soit la Réalité extérieure ou notre réalité intérieure, afin de pouvoir entre autre, comme l'explique très bien le Dr A. Damasio, dans son excellent livre « L'Autre Soi-Même » : les « cartographier » les catégoriser : cette chose appartient au monde végétal car c'est un arbre, celle-là au monde animal car c'est un chat... et faire de même avec notre propre corps, notre « monde intérieur » : avec toutes nos idées / pensées / croyances... en utilisant **deux sources essentielles :**

D'abord **cet outil fantastique qu'est « l'expérimentation »** : l'enfant ne cesse d'expérimenter, que ce soit par le jeu ou autres, et c'est par le biais de ce que lui transmettent alors ses différents sens, qu'il va se forger une assez bonne représentation du monde extérieur et de son monde intérieur : de son corps, de ce qui est source de plaisir, de déplaisir, bref, **de ce qu'il est**, et qu'il est **lui** et pas un autre : de son identité.

L'autre source étant la **transmission de toutes les croyances/pensées/idées que nous avons reçues de notre entourage.**

Comme nous l'avons vu aussi, si par la suite en grandissant nous avons été de plus en plus capables d'alimenter par nous seuls, nos propres pensées/idées, par nos « expérimentations », pour créer d'autres réseaux neuronaux, nous n'avons pu le faire qu'avec l'aide, la base de nos précédents réseaux neuronaux largement influencés dans leur câblage par notre entourage !

Que ce soit donc à partir de ce que notre entourage nous a vraiment transmis en bien comme en mal, en vrai comme en faux, ou que ce soit à partir de ce que nous croyons, à tort ou à raison, qu'ils nous ont transmis, avec tous les risques de malentendus qui n'ont pas dû manquer de se produire, comme nous l'avons évoqué plus haut, **ou que ce soit à partir de notre capacité à prendre pour la Réalité objective ce qui n'est que notre interprétation subjective, et donc parfois erronée, de la Réalité**, c'est là que se trouve le gisement des

« faux messages trompeurs du cerveau » supportés par autant de réseaux neuronaux !

A ceci s'ajoute, comme vous avez pu le vérifier par vous mêmes, que dans la plupart des cas et des situations, **l'on ne maîtrise absolument pas la création, la fabrication de nos pensées spontanées :**

Pourquoi maintenant, ici, tout de suite je suis en train d'avoir cette **pensée spontanée précise** qu'elle soit simple ou complexe, positive ou négative, **plutôt qu'une autre,** POURQUOI ?

Parce que **c'est notre partie inconsciente** de notre cerveau, celle qui fonctionne des milliers de fois plus vite que la **partie consciente/réfléchie** qui elle est plus spécialisée dans l'élaboration de **pensées/réflexions,** qui se charge de les créer de toutes pièces (c'est pourquoi, comme nous le montre l'imagerie médicale du cerveau, les décisions simples (pas les décisions importantes qui demandent réflexions) que nous nous croyons prendre consciemment (je vais manger un fruit plutôt qu'un petit pain au chocolat), en fait elles ont déjà été prises par notre inconscient quelques centièmes de secondes avant qu'elles parviennent à notre conscience, et ce, sans que nous nous en apercevions : si bien qu'en fait, notre conscience ne fait que « cautionner » après-coup, ce qui a déjà été décidé par notre inconscient !), et elle va créer ses pensées spontanées de toutes pièces :

- soit **en puisant** dans l'immense stock de toutes nos connaissances, idées, pensées, émotions, souvenirs, quitte à « reconstruire » ces derniers … tous supportés par autant de réseaux neuronaux,

- soit **en re-combinant/ré-assemblant** entre elles certaines de nos idées/pensées grâce à sa capacité créatrice, à sa capacité à fonctionner par association d'idées, pour en créer de nouvelles, qui seront, bien sûr, elles aussi forcément supportées par de nouveaux réseaux neuronaux pour tout simplement exister, ET pour perdurer SI **on les utilise :**

C'est à dire : si on leur permet de capter notre attention suffisamment souvent, et suffisamment longtemps, pour que le réseau transitoire et fragile qui les supporte, puisqu'il vient ici d'être créé, puisse se renforcer **et** se maintenir dans le temps, comme nous l'avons vu avec la Loi de Hebb et son corollaire.

Ces pensées/idées spontanées ainsi produites par notre inconscient, qu'elles soient « positives » ou « négatives », « savent » que **pour exister ET survivre il leur faut absolument un carburant,** une énergie sans laquelle elles retourneront tout de suite d'où elles viennent : dans la réserve !

Ce qui serait dommage s'il s'agit de bonnes idées positives constructives, et une très bonne chose s'il s'agit de « faux messages trompeurs du cerveau » !

Et ça, nos idées/pensées spontanées **qui sont parvenues au niveau conscient**, qu'elles soient « positives/constructives » ou « négatives/dévalorisantes », elles ne le veulent absolument pas.

Le problème pour elles est que la compétition est rude, très rude, car l'inconscient du fait de sa puissance énorme de travail ET de l'importance considérable du stock dans lequel il peut puiser ET de sa capacité créatrice à fabriquer par ré-assemblage un tas d'autres pensées/idées (en leur fournissant autant de réseaux neuronaux pour les supporter que nécessaire), ne va pas se contenter d'apporter à notre conscience, à notre attention : une seule toute petite idée/pensée isolée, **que celle-ci soit positive ou négative.**

Non, il va en « balancer un paquet » (c'est « le flux continu de la pensée » que nous connaissons tous puisque nous l'expérimentons en permanence), et seule celle qui arrivera à s'imposer **en captant notre attention** survivra (un peu comme la compétition entre les millions de spermatozoïdes pour féconder l'ovule : seul un d'entre eux sera autorisé à le faire : **le 1° arrivé !**).

Jusqu'ici donc, dans ce processus, **on ne peut que subir la chose**, tout au moins **au niveau conscient**, puisque **c'est l'inconscient qui a la main !** :
Notre esprit conscient ne maitrise pas comme l'inconscient la capacité à créer nos pensées spontanées « le flux continu de la pensée » (comme le décrit très bien l'excellent livre du Dr Dehaene : « Le Code de la conscience »).

Mais à partir d'ici tout peut changer, contrairement à ce qui se passait jusqu'alors pour les personnes qui ne savaient pas encore : ni qu'elle pouvaient reprendre la main, ni comment le faire !

A partir d'ici donc, au niveau conscient, on peut enfin reprendre la main.

Mais Comment ? :

- En acceptant d'abord que si nous avons en nous de très bonnes idées/pensées/croyances …, nous avons aussi des idées/pensées trompeuses : les « faux messages trompeurs du cerveau »

- En apprenant à les repérer avec des techniques comme la « Pleine Conscience », puis

- En les étiquetant pour que, lorsqu'ils se représenteront à notre attention, s'ils se représentent, nous puissions les repérer immédiatement pour ce qu'ils sont : de simples petits « messages trompeurs du cerveau » **auxquels nous n'avons nullement à obéir.**

OK mais comment faire pour ne plus y répondre automatiquement comme avant ?

Pour ne plus avoir à leur obéir, **ou même simplement, à perdre notre temps et notre énergie à les écouter**, il nous faut les renvoyer d'où ils viennent : dans la réserve où l'inconscient est allé les chercher, ou là où l'inconscient les a créé de toutes pièces par ré-assemblage d'idées/pensées préexistantes.

Mais Comment ?

En les privant tout simplement du carburant dont ils ont absolument besoin pour s'imposer à notre conscience **et** se maintenir :

CAPTER NOTRE ATTENTION !

Il nous suffit donc à ce stade pour reprendre la main de faire 2 choses :

- La 1ère chose : c'est donc de **refuser de leur prêter attention pour les priver de leur carburant, mais ça ne suffit pas** : car comme elle occupe la place, la pensée trompeuse n'aura de cesse de tout faire pour essayer à nouveau de re-capter notre attention.
ET SI **notre attention reste disponible,** car NON FOCALISEE SUR UNE AUTRE PENSEE/IDEE, cette pensée trompeuse a toutes les chances de parvenir à ses fins, en re-captant notre attention disponible, car non focalisée. (**par exemple** : un peu comme si un aspirateur-robot, capable d'aller se recharger tout seul à sa prise de courant murale, « tournerait fou » : pour l'empêcher de continuer de faire n'importe quoi, il faudrait non seulement le décharger : 1* chose, mais aussi l'empêcher d'aller se recharger à sa prise murale en y branchant le cable d'un autre appareil, pour que le prise murale ne soit plus disponible et donc « non-accessible » : et ça c'est la 2* chose). Il faut donc absolument y joindre :

- **La 2ème chose** : c'est de **brancher / focaliser notre attention sur une autre pensée/idée positive, reliée elle-même à une activité « positive » que nous aurons préalablement pris le soin d'inscrire sur une liste** sous la forme de choses à faire, beaucoup plus constructives, plaisantes, amusantes, … quand un « faux message trompeur du cerveau », que nous avons identifié comme tel, essaie de capter notre attention, **pour qu'il ne puisse pas le faire.**

Pourquoi ? Parce que quand on réalise une activité on arrive beaucoup mieux à focaliser son attention, que lorsqu'on se contente seulement de penser positivement. Si nous pouvons, en effet, simplement penser à 2, 3 choses en même temps, nous ne pouvons FOCALISER notre attention que sur UNE SEULE CHOSE A LA FOIS.

SI nous réussissons donc à nous **concentrer suffisamment correctement et durablement** sur **une** pensée positive reliée elle même à **une action positive**, le « faux message trompeur du cerveau » **ne peut résister, faute de carburant** (faute de courant, comme dans **l'exemple** de l'aspirateur-robot), au flot puissant qui le renvoi d'où il vient.

Même si cela ne se passera pas forcément comme ça les premières fois où vous le ferez, **avec la pratique, en persévérant vous devriez y arriver.** Car même si au départ le résultat est partiel, **à chaque fois vous affaiblissez un peu plus la connexion neuronale sous-jacente,** jusqu'à ce qu'enfin elle soit tellement affaiblie que vous ayez enfin « le dessus » !

Autrement dit : « **nous faisons d'une pierre deux coups** » :

- **nous nous débarrassons d'une pensée trompeuse,** en la renvoyant d'où elle vient, ET même si elle revient :
- **nous affaiblissons à chaque fois les connexions du réseau neuronal qui la supporte.** En ne lui ayant pas permis de « refaire un tour de manège » complet : sa connexion n'ayant pas été utilisée, ou très mal, s'affaiblit, et **chaque fois que cela se reproduira elle s'affaiblira encore plus,** tout comme, exactement par le même processus, quand on ne pratique plus assez une langue étrangère, ou ses tables de multiplication, on les oublie.

C'est pourquoi quand un « faux message trompeur du cerveau » se présente à notre attention IL NE FAUT ABSOLUMENT PAS OBLIGER NOTRE ATTENTION A S'EN DEBARRASSER DE FORCE : **car ce faisant on lui prêterait notre attention et donc l'énergie dont il a absolument besoin,** et ainsi non seulement il parviendrait pour finir à s'imposer, mais de plus ses connexions neuronales en sortiraient encore plus renforcées.

Il faut donc au contraire **ne pas lui prêter attention, l'ignorer,** la laisser « flotter » ET FOCALISER notre Attention sur une autre Pensée/Idée **reliée à une activité de notre liste** que nous avons toujours sous le coude : **celle qui nous paraît la plus adaptée et facile à mettre en oeuvre sur le champ à ce moment là et ce, jusqu'à ce que le « faux message trompeur du cerveau » retourne d'où il est venu !**

Fort de toutes ces connaissances récentes que nous devons en grande partie aux neurosciences, **nous pouvons désormais aborder le problème initial :**

« J'ai toujours peur de ce que les Autres pensent de Moi », **d'une toute autre façon.**

Et c'est ce que nous allons voir maintenant dans le prochain chapitre.

.

.

En résumé

Acceptez qu'il y ait en vous de faux messages trompeurs du cerveau, qu'il vous faut repérer afin de les étiqueter pour pouvoir les considérer comme tels lorsqu'ils se représenteront à nouveau à votre conscience.

Ainsi étiquetés et repérés, que faire pour que ces « faux messages trompeurs du cerveau » ne s'imposent pas à notre conscience, lorsqu'ils se re-présentent à nouveau ?

En les privant de leur carburant, qui est **l'attention** que vous portez à ces faux messages trompeurs du cerveau. Pour cela :

1) Refusez de leur prêter attention, **mais ça ne suffit pas, il vous faut en plus :**

2) Focalisez à la place votre attention sur une pensée/idée positive reliée elle-même à une activité positive adaptée, que vous irez chercher sur votre liste, pré-établie dans un moment où vous étiez détendu, et que vous mettrez en œuvre dans la foulée.

Pourquoi réaliser une activité positive ?

Tous simplement par ce que si vous pouvez penser à deux ou trois choses en même temps, vous ne pouvez **focalisez votre attention** que sur une seule chose à la fois, et que lorsqu'on réalise une activité qui nous motive, on a beaucoup plus de facilité à bien focaliser son attention que lorsqu'on se contente de simplement penser !

.
.
.

Chapitre Huit : L'utilisation de tous ces moyens pour ne plus « avoir peur de ce que les autres pensent de moi »

.

.

.

.

Ce qu'il y avait derrière cette crainte :

Nous savons maintenant un peu mieux, non seulement ce qu'il y avait derrière « cette peur de ce que les autres pensent de moi », mais surtout nous avons désormais à notre disposition différents moyens, différents outils, pour venir à bout durablement de cette peur.

En effet nous savons maintenant qu'à l'origine de cette peur, il y avait une pas assez bonne image de soi et de ce fait, un manque important de confiance en soi, et pas assez de « Connaissances », qui ont « **préparé le terrain** » à la mise en place de « faux messages trompeurs du cerveau », supportés par autant d'ensemble de réseaux neuronaux, et que nous savons désormais comment faire pour les repérer comme tels : « l'ennemi est enfin démasqué ! ».

Et c'est très important parce que ces « faux messages trompeurs du cerveau »,
- supportés par autant de réseaux neuronaux,
- qui proviennent pour l'essentiel, comme nous l'avons vu, soit des fausses croyances / erreurs que nous ont transmis notre entourage dans notre enfance,
- soit, par la suite, de notre tendance à prendre pour la Réalité ce qui n'en est que l'interprétation erronée que nous en avons faite,

entretiennent une fausse croyance, qui elle même alimente le manque de confiance en soi, qui lui même maintient une pas assez bonne image de soi.

Et nous verrons par la suite **comment** « **remonter le courant** » **pour**, en remplaçant ces « faux messages trompeurs du cerveau », par des « messages constructifs et valorisants » qui correspondent beaucoup mieux à ce que nous sommes vraiment, **retrouver d'avantage de confiance en soi, et donc une bien meilleure image de soi.**

C'est ce que nous allons donc voir maintenant, en mettant tout ensemble les différents éléments que nous avons explorés, à savoir :

Dans un premier temps, comment neutraliser les réseaux neuronaux « négatifs » (je mets **négatifs comme positifs** entre guillemets car bien entendu les réseaux neuronaux en eux-mêmes ne sont ni négatifs, ni positifs : c'est la façon dont ils sont câblés qui va permettre/ supporter/maintenir l'émergence soit d'une pensée/idée plutôt négative, soit d'une pensée/idée plutôt positive).

Dans un deuxième temps, comment créer de nouveaux réseaux neuronaux « positifs ».

Pour enfin dans un troisième temps, dans le chapitre suivant, montrer comment, avec l'association de ces deux stratégies, on peut arriver à permettre à une personne « qui a toujours peur de ce que les autres pensent d'elle », de se débarrasser de cette crainte, en modifiant sa personnalité d'une façon qui se rapproche beaucoup plus de la personnalité d'une personne, qui n'a pas ou n'a plus cette peur.

1) - Comment en Pratique, neutraliser les réseaux neuronaux « Négatifs »

Nous savons donc maintenant, comment affaiblir des réseaux neuronaux supports de « faux messages trompeurs du cerveau », créés pour la plupart par notre entourage, ou par notre tendance à prendre pour la Réalité ce qui n'en est que l'interprétation erronée que nous en avons faite, **en les ignorant, en ne leur prêtant plus notre attention ET en la focalisant suffisamment longtemps plutôt sur une autre pensée positive reliée à une activité préalablement sélectionnée** à mettre en place sur le champ.

Ainsi Privée de son « **carburant** » cette pensée trompeuse n'a pas d'autre choix que de retourner, assez affaiblie, d'où elle vient : dans la « Réserve » !

Mais, en pratique comment cela peut-il se réaliser ?

J'en donnerai comme **exemple,** ce que nous avons tous connus dans notre culture occidentale : la croyance au « Père Noël » que nous avions enfant, et qu'on peut assimiler « pour les besoins de la cause », à un « faux message trompeur du cerveau » ;

Effectivement, si nous n'avions pas pu perdre cette **« fausse-croyance »** une fois devenu adulte et même bien avant, « nous serions dans de beaux draps ! ».

On peut tous facilement vérifier dans cet **exemple**, un peu particulier je vous l'accorde, mais qui a le mérite d'être bien connu de tous, que le réseau neuronal qui sert de support à cette **« fausse-croyance »** n'a pas disparu.

La preuve en est, que non seulement on se rappelle toujours très bien d'avoir eu cette « fausse-croyance », mais **on peut même encore, à des degrés divers, ressentir les émotions que nous avions alors, quand nous y croyions encore.**

Et pour autant nous n'y croyons plus !

Comment avons nous fait pour ne plus y croire, alors que nous pouvons vérifier que le réseau neuronal support existe toujours !

Le réseau neuronal support n'a pas effectivement pas disparu, mais il n'est plus opérant !

Et pourtant, on est bien d'accord, je pense, pour dire : qu'est-ce qu'il a été opérant ! Qu'est-ce qu'il ne nous aurait pas fait faire, alors, pour obtenir du « Père Noël » tout ce que nous souhaitions !

Il est vrai que les autres nous ont bien aidé à nous débarrasser de cette croyance, mais après tout, ils nous devaient bien ça, puisque c'est eux, une fois de plus, qui nous l'avaient transmise ! Et comment nous ont-ils aidés à le faire ?

Comme on le sait **tous** :

En nous apportant la preuve irréfutable de la non-existence du Père Noël, ils nous ont aidés à vider de sa substance, de son énergie, cette « fausse-croyance et donc à la rendre inopérante !

Autrement dit : ils nous ont aidés à réaliser les 3 étapes indispensables :

1) nous désigner cette fausse croyance pour ce qu'elle est (l'étiqueter) afin de :

2) l'affaiblir en la vidant de son énergie pour la rendre inopérante, c'est à dire ici :

en **nous apportant la preuve irréfutable de sa non-existence : ils nous ont aidé à créer une autre croyance** (distinguer, faire le tri) **plus conforme à la réalité** : « le père noël n'existe pas »

3) et ce faisant, basculer l'énergie (transfert de carburant) de la 1* (fausse-croyance) vers la 2* (croyance réaliste car conforme à la réalité)

Cet **exemple** est l'une des 4 situations où l'on peut se retrouver pour pouvoir repérer une fausse-croyance afin de s'en débarrasser en la remplaçant par une autre croyance plus réaliste, voire tout simplement par la nouvelle croyance que : « l'ancienne croyance était fausse » comme dans l'ex du Père Noël :

Dans les 3 premières situations nous n'avons pas conscience d'être porteur d'une fausse-croyance, mais :

_ les autres peuvent nous y aider comme dans l'ex du père noël :

_ on l'a repère de nous même avec l'aide de la « Pleine Conscience », **par exemple**,

_ on peut la repérer comme telle si nous restons avec un état d'esprit suffisamment ouvert qui devrait nous permettre de profiter d'une expérience inattendue qui nous apporte la preuve de la fausseté de cette fausse croyance, et si nous sommes capables alors d'accepter de la remettre en question.

Dans la dernière situation nous en sommes conscient car :

_ nous subissons sa nocivité depuis suffisamment longtemps, ce qui nous pousse à utiliser nos connaissances pour la déconstruire.

Nous avons donc déjà **tous** expérimenté la réalité de vider de toute son « énergie », de toute sa force, un « faux message trompeur du cerveau » dont une « **fausse-croyance** » comme celle du Père Noël est l'un des **exemples** les plus connus.

Il n'est nul besoin de le faire disparaître, et de toute façon nous ne le pouvons pas par la seule force de notre volonté, pour le rendre **inopérant**.

Ce qui veut dire, et **c'est très important** , que **d'une façon similaire**, en **empêchant** les « faux messages trompeurs du cerveau » **de capter notre attention, et ce de façon répétée**, nous les affaiblissons un peu plus à chaque fois, en appauvrissant la qualité des connections, des synapses, de leurs réseaux neuronaux supports.

Ceci équivaut à vider de son « énergie », de sa force, **une « fausse-croyance »** comme celle du Père Noël pour transférer cette énergie vers la nouvelle croyance : « le Père-Noël n'existe pas », et la preuve que le transfert d'énergie s'est bien effectué, c'est que la fausse-croyance n'est plus « opérante » alors que la nouvelle croyance est devenue « opérante » !

S'il y a une seule chose à retenir de ce livre c'est : que de la même façon que les autres nous ont aidés à se débarrasser de cette « fausse-croyance » du Père Noël **en nous apportant la preuve irréfutable de sa non-existence,** et ce faisant en nous permettant de la vider de sa substance, de son énergie et donc de la rendre **inopérante** ! (tout comme Copernic en apportant la preuve irréfutable que, en dépit des apparences, c'était la Terre qui tournait autour du Soleil, et non l'inverse, a mis fin à ce soi disant savoir, qui n'était en fait qu'une fausse croyance, pour laisser la place à une autre «croyance» qui est en fait un Savoir), :

nous pouvons faire de même,
nous-mêmes,
pour nous-mêmes !

Car je ne pense pas que la « **fausse-croyance** » qui pousse certaines personnes à toujours avoir peur de ce que les autres pensent d'elles, ait, le plus souvent, beaucoup plus de force, d'énergie que celle qui nous faisait croire que le Père Noël existait, je penserais même plutôt le contraire !

Tous, à différents degrés, sommes **toujours** porteurs **sans le savoir** (ou en le sachant mais sans vouloir y toucher !), d'un paquet plus ou moins important de « Père Noël » dans notre tête ! : comme celui déjà donné en **exemple** plus haut : « Tu es méchant(e) » :

Car, de la même façon, les adultes responsables de la « création » de cette fausse croyance « Tu **es** méchant(e) » auraient pu, face à la réaction de l'enfant, anéantir cette fausse croyance en avouant tout de suite que ce n'était pas ça qu'ils voulaient dire, :

ce qu'ils voulaient dire c'était : « ce que tu as **fait** n'est pas bien », et non :

« tu **es** méchant ». Ce qui aurait eu le même effet, que celui d'apporter la preuve irréfutable de la non-existence du Père Noël, et donc de permettre à l'enfant de s'en délivrer aussitôt.

Mais voilà : ils n'ont pas pu ou voulu le faire (**et nous verrons plus loin pourquoi**), et ce « Père Noël » là est resté ! (et c'est le Soleil qui continue de tourner autour de la Terre !).

2) - Comment en pratique, créer de nouveaux réseaux neuronaux « Positifs »

Une fois cela fait : être capable non seulement de savoir enfin qu'il y a en nous de « faux messages trompeurs du cerveau », supportés par autant d'ensemble de réseaux neuronaux, et que nous savons désormais comment faire pour les repérer comme tels, et les empêcher de capter notre attention, **et** à vider de sa substance une « fausse croyance » :

Il nous faut ensuite augmenter nos Connaissances, notre Savoir, nos "expériences" pour, :
apprendre à construire d'autres pensées plus positives et plus conformes à ce que nous sommes vraiment.

apprendre à créer de nouvelles habitudes de penser positivement, d'agir de façon plus constructive, plus personnelle, afin de changer progressivement nos comportements vis à vis de nous-même et des autres, et plus précisément, pour le sujet qui nous intéresse ici : **de nous préoccuper d'avantage de ce que nous-mêmes pensons de nous, plutôt que de ce que les autres pensent de nous.**

Voyons donc maintenant comment pratiquement à partir **d'exemples**, créer de nouveaux réseaux neuronaux « positifs ».
Vous allez découvrir que, tout comme Mr Jourdain faisait de la prose sans le savoir, vous aussi vous construisez depuis longtemps de nouveaux réseaux neuronaux **mais sans le savoir.**
Le savoir permet cependant de changer beaucoup de choses :

car nous sommes des « **Homo sapiens sapiens** » (l'espèce d'homme qui sait qu'il sait) :
c'est à dire des : « Humains qui non seulement **savent** des choses, **mais savent** qu'ils les savent »
comme **par exemple** qui savent … qu'ils savent parler leur langue maternelle :
« je sais, … que je sais parler ma langue maternelle »

Ce que je vous propose ici c'est d'y ajouter :
que **vous sachiez que vous savez** « sculpter » votre cerveau :
« Je **sais** … **que je sais** sculpter mon cerveau »,

afin de ne pas continuer de le faire **sans le savoir**,
et donc peut-être pas de la meilleure façon pour **vous**,
mais en sachant que vous êtes en train de le faire, et donc de le faire le mieux possible et,
de ne plus laisser les autres le faire pour vous, sans votre consentement.

Comme par exemple, en utilisant vos « **neurones miroirs** », dont nous avons parlé plus haut : on peut imaginer aisément toute la différence qu'il peut y avoir entre :

- Quelqu'un **qui sait** comme tous les humains activer ses neurones miroirs, **mais sans le savoir** et qui donc **ne sachant pas** : ni qu'il en a, ni dans quel contexte ils s'activent : ils ne pourra pas s'en servir pour s'entrainer mentalement à un sport, **chez lui,** comme l'escalade **par exemple,** faute de **savoir** qu'il a cette possibilité !

- Alors que quelqu'un **qui sait** lui aussi activer ses « neurones miroirs » **mais qui sait** qu'il en a **et** dans quel contexte ceux-ci peuvent s'activer : il va pouvoir les utiliser pour s'entrainer mentalement, chez lui , **dans un fauteuil,** à faire telle escalade, à condition de l'avoir déjà pratiquée dans la réalité, en visualisant **par la seule puissance de sa pensée,** tous les gestes, toutes les étapes nécessaires, pour réaliser au mieux cette escalade qu'il connait donc, et vérifier par la suite dans la réalité de l'escalade sur le terrain, que **grâce à cet entraînement mental** réalisé chez lui, il a encore progressé : la prochaine escalade se réalisant plus facilement et plus rapidement !

Ce pourrait être tout aussi bien pour : répéter mentalement dans sa tête son rôle dans la pièce de théâtre amateur où l'on joue, l'entretien important que l'on va avoir, revivre mentalement, point par point, sa dernière leçon de conduite automobile, etc…

Voyons cela :

Nous avons tous pu vérifier enfant que pour apprendre et retenir une table de multiplication, ou une fable de La Fontaine il fallait :

- focaliser son attention sur cet apprentissage et ne pas se laisser distraire en prêtant son attention à des choses futiles, **et** :

- répéter, répéter et répéter encore et encore pour assimiler **et** retenir la table ou la fable durablement, voire à vie (comme le disait mon professeur d'anatomie pendant mes études de médecine : pour vous souvenir durablement de votre anatomie : vous devrez l'apprendre et l'oublier et la ré-apprendre … 7 fois !).

La seule exception à cette règle c'est **s'il y a une émotion qui s'ajoute à cet apprentissage,** non seulement celui-ci en sera encore plus renforcé, mais si cette émotion est suffisamment forte, elle pourra suffire à elle même pour créer et renforcer en une seule fois un réseau neuronal durable : tous ceux qui ont vécu l'assassinat du Président Kennedy ou les attentats du 11 septembre 2001 savent toujours aujourd'hui exactement ce qu'ils étaient en train de faire et où ils étaient quand ils ont appris la nouvelle (même si notre mémoire qui est un processus dynamique = qui ne stocke pas nos souvenirs comme le ferait un enregistrement vidéo, mais les reconstitue entièrement à chaque fois, et de ce fait peut les reconstruire de façon un peu (beaucoup!) différente). Dans ces cas là il n'y a pas besoin de répétition pour créer un réseau neuronal stable et durable support de cette pensée ! Il ne serait pas supportable non plus de tout apprendre à coup d'émotion fortes ! Mais, à défaut, une émotion moins intense, comme lorsqu'on est motivé / intéressé / curieux au sujet de ce qu'on a à apprendre, facilite grandement l'apprentissage.

Sinon, comme nous le savons tous, à défaut de **pratiquer** le calcul, une langue étrangère, etc… , on finit par l'oublier.

Nous avons donc découvert ainsi **que c'est en associant** :
- **notre capacité à focaliser notre attention sur ce qui nous intéresse**, et que nous avons depuis toujours (rappelez-vous ce spectacle impressionnant des bébés qui ne cessent de « dévorer des yeux » tout ce qui les entoure), à :
- **la répétition, la pratique** que ce soit celle d'une pensée, d'une action, d'un comportement, d'une croyance …
- que nous pouvons **d'abord créer un ensemble de réseaux neuronaux** plus ou moins complexe **et ensuite en renforcer suffisamment ses connexions**, ses synapses pour qu'il puisse rester longtemps un bon support de cette **pensée, action, comportement, croyance, beaucoup plus constructifs et positifs** que nous avons **choisis et décidés** de mettre en place, parce qu'il correspond beaucoup mieux à ce que **nous sommes vraiment.**

Pour changer une habitude ou pour en acquérir une nouvelle, comme vous l'avez sûrement déjà vérifié par vous-même, il faut compter environ 6 semaines pour une nouvelle habitude simple à environ 3 mois, voire plus, pour une plus complexe, à condition bien sûr de persévérer durant le laps de temps nécessaire et d'y concentrer suffisamment son attention.

Par exemple : rappelez-vous quand vous avez décidé, enfant, d'apprendre à faire du vélo, et plus tard, adulte, d'apprendre à conduire une voiture, ou tout autre apprentissage comparable : au début tout vous paraissait difficile, avec peut-être même des périodes de découragement, mais vous avez persévéré et **vous avez accepté d'y consacrer le temps et l'attention nécessaire,** et maintenant vous pratiquez l'un et l'autre sans même y penser.

Donc, sans en être conscient à l'époque, vous aviez déjà expérimenté là aussi **sans le savoir,** la construction de tout un ensemble de nouveaux réseaux neuronaux assez complexes et assez durables, pour « héberger » ces nouvelles habitudes (comme nous l'avons vu plus en détail dans l'**exemple** du **Chapitre 6**, où nous décrivions **la façon dont notre réseau conscient a transmis progressivement à notre réseau inconscient, le savoir nécessaire** pour qu'il s'occupe, seul, de la conduite automobile grâce à sa maîtrise des « automatismes » !).

Savoir cela, et vérifier que ça peut marcher dans beaucoup d'autres domaines où vous le souhaiteriez : ça peut changer beaucoup de choses ! **Comme par exemple :**

Qu'en aurait-il été **si**, à l'époque, vous **saviez** que vous **savez** activer vos « **neurones miroirs** » **et** que de ce fait, comme je l'évoquais plus haut, vous auriez souhaité vous en servir pour vous entrainer mentalement, **par la seule puissance de votre pensée**, en re-visualisant point par point, et à chaque fois, votre dernière leçon de conduite ? N'auriez-vous pas économisé quelques leçons ?

Ainsi **en pratiquant régulièrement avec suffisamment de concentration**, une nouvelle pensée, activité, comportement, … on peut espérer construire un ensemble de réseaux neuronaux suffisamment stables et bien connectés pour servir de support à une nouvelle pensée, une nouvelle habitude et donc, en « **remontant le courant** » : à un nouveau comportement et donc à un nouvel état d'esprit et donc à une meilleure confiance en soi, **et enfin à une meilleure image de soi,** (toujours **avec le même exemple** de la conduite automobile : une personne qui a réussi à mettre en place ce nouvel apprentissage, et donc de s'approprier ce nouveau comportement, avec toutes les possibilités d'autonomie supplémentaire que cela lui apporte : n'a t'elle pas, dès lors, le plus souvent, plus de confiance en soi et de ce fait : une meilleure image de soi ?) et plus particulièrement pour en revenir au sujet qui nous préoccupe ici :

« J'ai toujours peur de ce que les autres pensent de moi », peur derrière laquelle peut se cacher **par exemple** une cause comme celle déjà citée « je **suis** méchant(e) **…** » et de la difficulté de contrer cette fausse croyance bien ancrée, :

on pourrait donc, dans ce cas, illustrer de la façon suivante cette réhabilitation de son image de soi, :

en remplaçant cette fausse croyance, par une autre pensée beaucoup plus réaliste et rassurante, car fondée sur notre expérience propre d'adulte que nous sommes devenus entre temps, **comme par exemple,** :

« j'ai cru, parce que on me traitait de méchant(e), qu'on ne m'aimait plus et que plus personne ne m'aimerait » : **c'est faux.** :

D'abord parce que je n'étais, et ne suis toujours pas, méchant(e), **j'ai fait une bêtise.**

De ce fait, déjà, le risque de ne plus être aimé ne pouvait éventuellement venir que des personnes « victimes » de cette bêtise et non de tous les autres.

Mais comme **j'ai fini par interpréter** ce qu'on m'a dit/suggéré de la façon suivante :

« faire une bêtise c'est une preuve de méchanceté, parce que faire une bêtise c'est une façon de décevoir l'autre, de le contrarier, … au point qu'il ne puisse plus m'aimer, ce qui est terrible car j'ai besoin, comme tout un chacun, d'être aimé ! »

J'ai donc **fini par généraliser** cette définition à toute situation où je risquais de décevoir, de contrarier, … les autres, au point d'avoir « toujours peur de ce que les autres pensent de moi », avec bien sûr, de ce fait, le besoin impérieux de vérifier qu'ils pensaient toujours du bien de moi, même si je les avais éventuellement contrariés.

Mais en fait, ce qui s'est vraiment passé à l'époque (si l'on met de côté l'autre hypothèse : que ceux qui m'ont traité de méchant(e) pour une simple bêtise, l'on fait par pure perversité : pour jouir de ma souffrance d'enfant démuni), c'est plutôt que j'ai été **moi**, à l'époque, victime de la transmission d'une fausse croyance : « faire une bêtise et donc décevoir, contrarier, … l'autre, c'est une preuve de méchanceté », **fausse croyance dont étaient également victimes ceux qui m'ont dit cela.**

Quand bien même ceux qui m'ont dit cela, du fait de cette fausse croyance, ne m'aimaient plus, ce qui n'est même pas certain, je n'avais pas à en déduire pour autant que tout le monde était porteur de cette fausse croyance et que tout le monde ne m'aimerait plus !

Maintenant je vais donc, enfin pouvoir remplacer cette fausse croyance que m'avaient transmise ceux qui eux-même y croyaient : « faire une bêtise et donc décevoir... »

par ces pensées beaucoup plus réalistes :

« Tout le monde n'est pas porteur de cette fausse croyance, **mais certaines personnes le sont**».

« C'est à moi de savoir mieux discerner à qui j'ai à faire quand je pense, à tort ou à raison, que j'ai fait une « bêtise » :

Avec ceux qui en sont porteur : essayer de les aider à dissiper cette fausse croyance d'en déduire que je ne peux donc être que « méchant(e) ».

Avec ceux qui n'en sont pas porteurs : je n'ai pas à trop me préoccuper qu'ils risquent d'en tirer la même conclusion erronée.

Ce qui me permettra de ne plus me préoccuper **systématiquement** d'essayer de savoir ce que les autres pensent de moi = est-ce qu'ils pensent suffisamment du bien de moi pour m'aimer, en dépit de mes éventuelles « bêtises » ? ».

Et en allant encore plus loin :

Nous pouvons **tous** avec cette pratique que nous avons rendue consciente (**c'est à dire que nous savons que nous savons** « sculpter » notre cerveau **et** donc comment utiliser au mieux ce savoir) **réaliser des choses que l'on pensait jusqu'alors impossible, hors de notre portée**. Des choses que l'on croyait être l'apanage de seulement quelques personnes exceptionnelles, dont on admire ce qu'elles sont capables de faire, et en pensant à tort qu'elles seules peuvent le faire, grâce à un « don » qu'elles auraient depuis toujours, et que nous n'aurons jamais.

En réalité, c'est beaucoup plus par une bien meilleure maîtrise de leur capacité à « sculpter » leur cerveau, qu'elles sont parvenues à ce résultat qui nous impressionne tant.

Si elles ont effectivement des facilités que tout le monde n'a pas forcément au même degré, ces facilités les ont plutôt aidées à trouver les meilleurs « interlocuteurs / outils / formateurs... » dont elles avaient besoin, pour mettre « toutes les chances de leur côté » d'apprendre à « sculpter » leur cerveau de la meilleure façon possible, pour obtenir ce qu'elles voulaient obtenir.

De plus, si elles y sont parvenues, **c'est en y mettant beaucoup de temps, d'efforts, de travail et de persévérance pour l'obtenir (car le plus souvent derrière le « génie » se cache, en fait, beaucoup de temps passé, d'efforts, de travail et de persévérance…).**

Les personnes qui « fonctionnent » d'une façon proche de cette description, disposent d'un type de personnalité, dont pourraient s'inspirer, **si elles le souhaitent**, les personnes qui ont « toujours peur de ce que les autres pensent d'elles », pour ne plus avoir cette crainte.

C'est ce que nous allons découvrir dans le chapitre suivant.

En résumé

Vous savez maintenant ce qu'il y avait derrière « cette peur de ce que les autres pensent de vous » :

Un manque important de confiance en soi, qui a préparé le terrain à la mise en place de « faux messages trompeurs du cerveau ».

Vous avez désormais à votre disposition différents moyens et outils, pour venir à bout de cette peur :

Vous pouvez repérer et étiqueter comme tels les « faux messages trompeurs du cerveau ».

Vous pouvez les remplacer par des « messages constructifs et valorisants ».

Pour cela il vous faut apprendre à construire d'autres pensées plus positives et plus conformes à ce que vous êtes vraiment. À vous de créer de nouvelles habitudes de penser positivement, d'agir de façon plus constructive, plus personnelle, afin de changer progressivement vos comportements, vis-à-vis de vous-mêmes et des autres. À vous préoccuper d'avantage de ce que vous-même pensez de vous, plutôt que de ce que les autres pensent de vous.

De même que les autres vous on aidé à vous débarrasser de cette « fausse croyance de l'existence du Père Noël », en vous apportant la preuve irréfutable de sa non existence :

concernant les autres « faux messages trompeurs du cerveau » :

vous pouvez faire de même,

vous-même,

pour vous même !

Vous pouvez également pour « sculpter votre cerveau », utiliser vos « neurones miroirs » en toute conscience. (c'est-à-dire en prenant conscience de ce que vous faites au moment où vous le faites, comme dans **l'exemple** de votre apprentissage de la conduite automobile : vous auriez pu souhaiter vous en servir pour vous entrainer mentalement, **par la seule puissance de votre pensée**, en re-visualisant point par point, et à chaque fois, votre dernière leçon de conduite. N'auriez-vous pas économisé quelques leçons ?)

Pour changer une habitude ou pour en acquérir une nouvelle, comme vous l'avez sûrement déjà vérifié par vous-même, il faut compter environ 6 semaines pour une nouvelle habitude simple, à environ 3 mois, voire plus, pour une plus complexe, à condition bien sûr de persévérer durant le laps de temps nécessaire, et d'y concentrer suffisamment son attention.

Ainsi, en pratiquant régulièrement avec suffisamment de concentration, une nouvelle pensée, activité, comportement... , vous construisez un ensemble de réseaux neuronaux suffisamment stables et bien connectés pour servir de support à votre nouvelle pensée, votre nouvelle habitude (comme on l'a vu plus en détail au Chapitre 6 avec **l'exemple** de l'apprentissage de la conduite automobile : ou comment cet apprentissage passe du niveau conscient au niveau inconscient !) et donc, en « remontant le courant » :

à un nouveau comportement, et donc à un nouvel état d'esprit, et donc à une meilleure confiance en vous, et enfin à une meilleure image de vous (toujours avec le même ex. de la conduite automobile : une personne qui a réussi à mettre en place ce nouvel apprentissage, et donc de s'approprier ce nouveau comportement, avec toutes les possibilités d'autonomie supplémentaire que cela lui apporte : n'a t'elle pas, dès lors, le plus souvent, plus de confiance en soi, et de ce fait : une meilleure image de soi ?)

Avec cette pratique, vous pouvez donc réaliser des choses que vous pensiez jusqu'alors impossibles, hors de votre portée !

.
.
.

Chapitre Neuf : Expérimentateurs curieux versus Comparateurs fermés

.

.

.

Selon qu'enfant l'on ait reçu plutôt :

une éducation aimante, respectueuse et valorisante qui nous permet d'acquérir une bonne image de soi et de ce fait nous donne très tôt une assez bonne confiance en soi et en notre valeur, et qui, tout en pouvant nous faire prêter attention à ce que les autres pensent de nous, fait que nous n'avons pas systématiquement peur de ce que les autres pensent de nous.

ou au contraire une éducation plutôt non-sécurisante, comme **par exemple** avec des parents qui envoient très clairement en le disant, ou en le sous-entendant fortement, un message comme : « Je t'aime **à condition** que tu fasses les choses selon **mes** attentes et **non** selon les **tiennes** … »,

ou, avec des parents peut être capables d'aimer, mais pas de la façon dont eux, enfants, avaient besoin d'être aimés,

ou une éducation plutôt pathogène : pas assez ou non-aimante, dévalorisante, irrespectueuse, voire franchement traumatisante, et qui, de ce fait, ne permettra pas d'avoir une assez bonne image de soi, pour avoir suffisamment confiance en soi et en sa valeur, et qui aura comme résultat, qu'on fasse plutôt partie des personnes qui ont toujours peur ce que les autres pensent d'elles :

Disons, pour simplifier, encore une fois, que selon le cas, elles pourraient appartenir plutôt à l'un, ou plutôt à l'autre, des deux types de personnalité suivantes (**2 types de Personnalité choisis parmi beaucoup d'autres, pour les besoins de la démonstration,** à partir de la très bonne description qu'en fait le Dr C. S. Dweck. aux USA dans son livre « Mindset ») :

- **Pour celles qui n'ont pas cette crainte** : à l'ensemble qui pensent et croient en la possibilité de progresser, de faire changer les choses, la vie, en apprenant, et en y consacrant le temps et la persévérance nécessaire, et que j'appellerais donc :
les « Expérimentateurs curieux » :

- **Et pour celles qui ont cette crainte** : à l'autre ensemble qui à l'inverse croient et pensent qu'une fois sorties de l'adolescence tout est fixé une fois pour toute, qu'on ne peut plus se changer vraiment soi-même : **on est doué ou on n'est pas doué,** ni changer les choses, ni la vie, et qui de ce fait pensent ne pas avoir d'autres recours, que **de toujours se comparer aux autres, pour essayer de savoir quelle valeur on leur attribue,** et que j'appellerais donc :
les « Comparateurs fermés ».

Que ce soit bien clair : je ne sous-entend aucunement que les personnes qui ont « toujours peur ce que les autres pensent d'elles » ne peuvent qu'appartenir qu'au groupe défini par ceux qui ont la personnalité des « Comparateurs fermés ». Ils peuvent bien sûr appartenir à ce type de personnalité, mais aussi à beaucoup d'autres types de personnalités.
Si je présente ici, ceux que je nomme : les « Comparateurs fermés », c'est uniquement à titre **d'exemple,** pour « les besoins de la démonstration ». J'aurais pu choisir un tout autre type de personnalité pour illustrer mon propos. Les « Comparateurs fermés », tout comme les « Expérimentateurs curieux », ne sont donc présentés ici qu'à titre **d'exemple** dont vous pouvez vous inspirer, si vous le souhaitez, pour mieux comprendre comment des choses peuvent se mettre, ou ne se pas mettre, en place.

Je vais donc d'abord vous les décrire, puis les comparer entre eux, avant de voir avec vous comment, les « Comparateurs fermés » pourraient, s'ils le souhaitaient, en s'inspirant de ce que sont les «Expérimentateurs curieux», modifier suffisamment leur personnalité pour se débarrasser, entres autres, de cette crainte.

On connait tous des personnes qui savent assez bien se confronter à l'imprévu, gérer les épreuves ou solutionner les problèmes qu'elles rencontrent, mais elles s'en passeraient bien !

Mais qu'il y ait des gens, et même des enfants qui, en plus, aiment, adorent solutionner des problèmes et gérer l'imprévu, cela peut paraître assez surprenant!

Cependant ils existent, et dès lors peuvent être considérés comme des sortes de modèles, dans le sens qu'ils représentent le mieux cette « population », qui adorent apprendre toute leur vie **y compris de ses épreuves et de ses erreurs, pour qui rien n'est fixé d'avance une fois pour toute,**

Ce sont les « Expérimentateurs curieux » :

Les « Expérimentateurs curieux » sont en « compétition » avec eux-mêmes dans le sens où ils adorent se donner des défis, se confronter à des situations nouvelles, à solutionner des problèmes et au plus ceux-ci sont durs et compliqués et leur demandent des efforts et du temps, au plus c'est excitant de s'y confronter et gratifiant de les réussir.

Ils ne voient pas la nécessité d'essayer de faire croire aux autres qu'ils sont plus que ce qu'ils sont puisqu'ils croient qu'ils vont devenir plus que ce qu'ils sont en continuant d'exercer et d'améliorer leurs compétences.

Pas plus qu'ils ne voient la nécessité d'essayer de cacher aux autres leurs insuffisances ou leurs problèmes, puisqu'ils sont convaincus de pouvoir, en tout ou partie, combler leurs insuffisances et résoudre leurs problèmes.

Quand ils font une erreur, ils n'en sont pas trop affectés car non seulement ils se donnent « le droit à l'erreur » mais ils y voient en plus la preuve que contrairement à ce qu'ils pensaient, **ils n'avaient pas tous les éléments en mains pour réussir,** aussi pensent-ils plutôt quelque chose comme :

« Merci mon erreur de m'avoir fait perdre l'illusion que je possédais tout ce dont j'avais besoin pour réussir, et **grâce à cet erreur** je **sais maintenant** ce qu'il me reste à acquérir, et qui me manquait pour réussir, et j'en sortirai encore plus fort. » **(pas plus, qu'un aveugle dont** la canne-blanche heurterait un mur de maison dans la rue, ne vivrait cela comme un échec et s'en voudrait, mais vivrait cela plutôt comme une erreur pleine d'instruction et remercierait en pensée sa canne-blanche de l'avoir prévenue qu'il était dans l'illusion d'être bien au milieu du trottoir, alors qu'il ne l'était plus !).

Se comparer aux autres, se soucier de ce que les autres pensent d'eux n'a pas grand intérêt pour eux, **même s'il peut en avoir parfois (**mais ce sera alors de la part de personnes qu'ils ont choisies, qu'ils apprécient entre autres pour leurs compétences, et en qui ils ont confiance), c'est plutôt **se comparer à eux-mêmes** : à ce qu'ils étaient et à ce qu'ils sont devenus en mieux

ET **à ce qu'ils pensent d'eux-mêmes,** qui les intéressent surtout :

Leur regard à eux sur eux pèsent bien plus lourd que le regard des autres sur eux !

Leur valeur ne dépend pas tant des autres , **leur valeur dépend surtout d'eux et ne cesse de s'enrichir au fil du temps** grâce à leur croyance qu'ils peuvent progresser toute leur vie en ne cessant d'apprendre par eux-mêmes ou auprès des autres.

Ils pensent plutôt : « qui ne risque rien, n'a rien ».

Les « expérimentateurs curieux » se comportent comme ceux qui savent qu'ils savent « sculpter » leur cerveau et le sachant se donnent les moyens de le « sculpter » au mieux.

Et il y a aussi des personnes qui, à l'inverse, pensent, **parce que on le leur a fait croire depuis toujours,** que leurs qualités, leurs compétences, leurs caractéristiques morales, leur personnalité, etc. sont gravées dans le marbre, fixées une fois pour toute à la sortie de l'adolescence et que donc, elles n'en acquerront pas d'autres le reste de leur vie durant.

Ce sont les « comparateurs fermés »

Et qui peuvent être soit dans la croyance de :
« Je **suis** méchant(e), ou bête, ou nul(le)…. **puisque** j'ai **fait** une bêtise **et** que je ne pourrai donc que continuer d'en faire ! ».

Ou à l'inverse mais avec le même raisonnement :

« Je **suis** génial(e) **parce que** j'ai réalisé parfaitement du premier coup **l'attente** de **mes parents** (être 1° de ma classe …), ET **tant que je continuerai de savoir le faire** on me confirmera que « **je suis génial(e)** ». Mais avec ici une menace inconsciente terrible :

En effet certains parents croyant bien faire, ou rejouant peut être ce qui s'est passé pour eux dans leur enfance, s'extasient systématiquement devant les « prouesses » réelles ou supposées de leur progéniture, en leur laissant supposer qu'ils ont un « don » que les autres enfants n'ont pas, et qu'ils sont donc de « petits génies », **au lieu de les féliciter plutôt pour leurs efforts, leur courage, leur persévérance, leur travail …** qui leur ont permis d'obtenir ce beau résultat, cette « prouesse ». Ils ne se rendent pas compte que, ce faisant, ils exercent une « pression » terrible sur les « frêles épaules » de leurs enfants qui peuvent vite en déduire **plus ou moins inconsciemment** :

« J'ai intérêt à toujours continuer de réaliser de telles « prouesses » (réelles ou supposées) si je ne veux pas décevoir mes parents. Sinon je prends le risque insupportable, de passer, à leurs yeux, du « clan des petits génies » au « clan des nul(les) », et donc qu'ils m'aiment moins, voire qu'ils ne m'aiment plus, en tout cas plus comme moi j'ai besoin d'être aimé ».

Et qui finissent donc par penser **consciemment** quelque chose comme :

« Quand on est bête, c'est pour la vie, Quand on est brillant, c'est pour la vie, On ne peut rien y changer !». Et donc :
« Soit on est capable de très bien faire les choses facilement, sans effort, soit on n'en est pas capable et on ne le sera jamais ».

Autrement dit **si pour bien réussir quoique ce soit, cela leur demande un effort :**
c'est en fait, pour elles, le signe irréfutable qu'elles n'ont pas les compétences nécessaires pour le faire et qu'elles ne les auront jamais et qu'il vaut mieux laisser tomber tout de suite et définitivement.

Si elles sont dans le cas où elles pensent, parce que **on le leur a répété maintes et maintes fois**, qu'elles n'ont pas autant de capacités qu'elles l'auraient voulues, elles n'auront de cesse, le plus souvent, pour essayer de se le cacher à elles mêmes, mais surtout aux autres, de se positionner, pour simplifier, entre l'une ou l'autre de ces deux extrêmes :

- Soit de se faire la plus discrète possible, pour essayer de passer inaperçue afin que les autres ne repèrent pas leur soit-disante insuffisance.

- Soit d'essayer de prouver le contraire, en se « mettant toujours en avant » **par exemple**, pour donner le change.

Maintenant si elles sont plutôt persuadées d'être plus douées que la moyenne, voire géniales, **tellement on le leur a « seriné »** dans leur enfance, du fait qu'elles étaient capables de bien réussir certaines choses sans efforts, elles auront toujours besoin **et** de vérifier pour elles mêmes qu'elles en sont toujours bien capables, **et** de continuer d'essayer de prouver aux autres, leur supériorité réelle ou supposée, à réussir à bien faire les choses sans effort.

Car c'est leurs succès ou leurs échecs qui les définissent :
Si elles réussissent : elles **sont** brillantes, géniales… et donc supérieures aux autres qui ne réussissent pas sans effort comme elles.
Si elles échouent : elles **ne sont** plus rien et en seront durablement très meurtries.

Aussi, pour ce faire, et mettre toutes les chances de leur côtés, **elles n'accepteront de faire ou de gérer que les choses où elles savent qu'elles excellent,** et à fuir « comme la peste » toutes les choses ou situations où elles sont persuadées, à tort ou à raison, qu'elles échoueront. **Ou** allant pour certaines, jusqu'à tricher s'il le faut, pour réussir un examen **par exemple**, tellement c'est vitale pour elles de ne pas perdre la face, et surtout, de ne pas perdre les preuves d'affection dont elles ont naturellement besoin.

Elles se retrouvent donc coincées le plus souvent dans le « **tout ou rien** » :

Elles pensent qu'elles ne peuvent que toujours réussir sans effort, voire brillamment dans certains domaines, ou toujours échouer lamentablement dans d'autres.

Mais que ce soit l'une ou l'autre stratégie, selon qu'elles se croient plutôt insuffisantes ou plutôt brillantes, **ça se passera dans le sens** où elles se sentent obligées d'être en compétition avec les autres, **étant toujours en train de se comparer aux autres.**
Contrairement aux « Expérimentateurs curieux » qui peuvent toujours se comparer à ce qu'ils étaient avant pour mesurer à quel point ils ont encore progressé, c'est leur seul moyen pour elles, de savoir dans quelle mesure, par rapport aux autres, elles ont toujours, ou n'ont plus, ou n'ont pas, telle ou telle qualité, telle ou telle compétence ... et à quel degré.

Ce qu'elles espèrent secrètement c'est de pouvoir obtenir des autres qu'ils leurs montrent, **qu'ils leurs confirment, qu'elles ont la valeur qu'elles veulent qu'on leurs reconnaissent,** qu'elles aient cette valeur, ou qu'elles ne l'aient pas en soi et/ou à leur propres yeux.

Les « Comparateurs fermés », lorsqu'ils font une erreur le vivent assez douloureusement, car ils y voient, le plus souvent à tort, une preuve de plus de leur manque de compétence dans le domaine en question, et surtout craignent que les autres, s'ils sont témoins de cet échec, en tirent les mêmes conclusions.

Pour ces personnes **le regard des autres sur eux pèse beaucoup plus lourd, que leur regard à elles sur elles** : ce qui n'est pas normal, dans le sens qu'il ne devrait pas en être ainsi, comme nous le verrons plus loin.

De plus **comme elles sont en compétition avec les autres, dans une comparaison permanente,** et puisqu'elles sont toujours dans la crainte que les autres s'aperçoivent :
- soit de leurs soi-disant insuffisances ;
- soit que leurs capacités, qu'elles estiment supérieures à tort ou à raison, leur fassent soudain défaut ou ne soit plus reconnues, et ce surtout dans le cadre de faire une erreur face aux autres, comme on vient de l'évoquer :
elles sont bien obligés de se soucier de ce que les autres pensent d'elles ne serait-ce que pour vérifier que les autres n'ont pas encore découvert leurs manques réels ou supposés et/ou que les autres les apprécient toujours et leur renvoient la valeur qu'elles ont besoin qu'on leur renvoie, que celle-ci soit réelle ou supposée.

Car seuls les autres peuvent leur dire ce qu'elles valent par rapport aux autres, puisque elles-mêmes, contrairement aux « Expérimentateurs curieux », ne croient pas pouvoir changer quoique ce soit, par elles-mêmes, à leur propre valeur.

Leur valeur ne dépend pas d'elles, leur Valeur dépend des autres :
de ce que les autres veulent bien leur reconnaître ou pas comme valeur, **et donc de ce qu'elles arriveront ou non à faire croire aux autres :**

- soit qu'elles sont plus que ce qu'elles croient être / craignent être !
- soit qu'elles leurs sont toujours sinon supérieures, du moins égales dans leurs capacités à bien réussir à faire certaines choses sans effort !

De plus elles **redoutent la nouveauté** et **l'imprévu** qui pour elles peuvent être source de danger, dans le sens où souvent, pour bien gérer une situation nouvelle ou inattendue, il faut utiliser ses compétences autrement, ce qui suppose qu'on peut améliorer, développer ses compétences, ce à quoi elles ne croient pas et pensent plutôt :

« qui ne risque rien, ne perd rien ».

En fait ce qu'elles risquent c'est de rester dans les mêmes schémas plus ou moins réduits et insatisfaisants toute leur vie, à cause de cette fausse croyance-limitante-dévalorisante.

«Les « Comparateurs fermés » étant persuadés que : « tout est gravé dans le marbre à tout jamais », ne peuvent même pas soupçonner qu'ils savent « sculpter » leur cerveau, et donc parvenir par eux-mêmes à savoir qu'ils savent le « sculpter », pour ensuite se donner le droit, seul ou avec une aide, de se doter des moyens nécessaires pour le « sculpter » au mieux, selon leurs attentes et leurs besoins .

Enfin :

Pour les « Expérimentateurs curieux» **ce qui les concernent le plus** c'est **d'apprendre.**
Pour les « Comparateurs fermés », **ce qui les concernent le plus** c'est **comment on les juge**.

Pour « les Expérimentateurs curieux» **le succès c'est : d'expérimenter toujours plus,** dans un échange permanent, pour se développer toujours plus soi-même.
Pour les « Comparateurs fermés ». **le succès c'est de convaincre les autres** qu'on est capable de réussir sans effort, et/ou qu'on a plus de valeur qu'on pense/qu'on craint en avoir

Maintenant, comme vous vous en doutez, dans la réalité de leur vie au quotidien, les choses ne sont pas aussi « compartimentées » aussi « tranchées » que ce que je viens de vous le décrire :
par moment ou selon les situations, les « Comparateurs fermés » peuvent avoir un ressenti et un comportement assez proche de celui des « Expérimentateurs curieux», et

réciproquement les « Expérimentateurs curieux» peuvent par moment et selon les situations se comporter plutôt comme les « Comparateurs fermés ».

Mais dans l'ensemble ils se comporteront de façon très différente.

On voit bien ici dans chacune de ces deux populations comment, :
une simple **pensée** au départ va engendrer, :
une **croyance** qui elle même va engendrer, :
des **actions** qui elles mêmes vont engendrer, :
des **comportements** qui eux mêmes vont engendrer, :
une image de soi, une personnalité, un style de vie, complètement différents,
avec des conséquences énormes dans un sens comme dans l'autre.

Nous pouvons donc, en considérant que cette croyance : que nous ne pouvons pas nous faire suffisamment confiance, pour être capable de nous fier à notre propre jugement, à notre propre impression profonde, pour savoir quelle est notre vraie Valeur, affirmer que c'est une **fausse-croyance,** toute aussi fausse que celle du Père Noël.

Et exactement de la même façon, il ne tient qu'à nous, de nous donner les moyens nécessaires pour vérifier ici aussi, la **Non-Existence des soi-disant faits et des fondements** sur lesquels s'appuyaient le discours de ceux qui nous ont fait croire, volontairement ou involontairement, ou suite à un malentendu entre eux et nous, **que nous devions toujours nous préoccuper de ce que les autres pensent de nous.**

Et ainsi vider là aussi de sa substance, de son énergie, de sa force cette **fausse-croyance** qu'il faut toujours se préoccuper de ce que les autres pensent de nous, car eux seuls seraient crédibles, et sauraient soi-disant mieux que nous ce que nous valons, et si nous avons bien agi ou mal agi !

C'est totalement faux pour les adultes que nous sommes devenus.
Comment les autres pourraient ils être **plus dans la capacité de connaître** notre vraie valeur, et donc **de mieux savoir que nous** si nous avons bien agi ou pas, alors qu'ils n'ont pas vécu ce que nous avons vécu, qu'ils n'ont pas ressenti ce que nous avons ressenti, qu'ils ne savent de nos pensées/idées que ce que nous avons bien voulu leur en dire et même là : comment ont-ils interprété ce qu'on leur a dit ?

Et, réciproquement, tout ceci est tout aussi vrai de nous vis à vis d'eux, **nous ne pouvons qu'émettre des suppositions** sur ce qu'ils pensent vraiment ou pas de nous, comme de tout le reste !

Même si vous pouvez parfois vous tromper sur ce que vous pensez être ou valoir, vous serez toujours infiniment mieux placé que n'importe qui d'autre pour appréhender ce que vous êtes vraiment, et donc vous avez mille fois plus de bonnes raisons de vous préoccuper de ce que vous vous pensez de vous, plutôt que de ce que les autres, qui vous connaissent beaucoup moins que vous, pensent de vous, en supposant même qu'ils en pensent quelque chose ! Et même s'ils en pensent quelque chose, vous ne le saurez jamais avec certitude, car une fois encore, pas plus qu'ils ne sont dans la votre, vous n'êtes dans leur tête !

Car pour « **savoir** » ce qu'il y a dans leur tête vous n'avez pas d'autres choix que de leur demander, ET qu'ils acceptent de bien vouloir vous le dire, car ils n'y sont pas obligés, ET SI c'est suffisamment assez clair dans leur tête, pour qu'ils puissent vous le formuler avec des mots qui reflètent assez bien ce qu'ils pensent, ET même là vous n'êtes pas totalement à l'abri du risque de mal interpréter ce qu'ils vous disent, ET ce, sans même vous en rendre compte ! Et réciproquement, elles devront faire la même chose si elle veulent « **savoir** » ce qu'il y a dans votre tête et avec les mêmes risques !

C'est pourquoi je disais un peu plus haut qu'il n'est pas normal de donner plus de poids au regard des autres sur nous qu'à notre propre regard à nous sur nous. Il est normal de tenir compte du regard de l'autre sur nous mais pas systématiquement : seulement s'il vient de personnes que nous avons choisies, en qui nous avons confiance et si c'est dans un domaine où ils sont plus compétent que nous, sinon c'est notre regard à nous sur nous qui doit peser le plus.

.

.

.

.

RECAPITULATIF

Les deux sources principales de nos « fausses croyances », qui peuvent nous amener à « toujours avoir peur de ce que les autres pensent de nous », mais aussi à avoir d'autres peurs et obsessions,
et qui ont d'autant plus de chance de s'installer durablement que nous n'avons :
pas une assez bonne « Image de nous »,
pas assez de « Connaissances » et
pas un assez « bon entourage », sont :

- celles que nous ont transmises et continue de nous transmettre notre entourage,
- ce que nous avons pris et continuons de prendre pour la Réalité et qui n'en est :
qu'une interprétation erronée que nous en avons faite et que nous continuons d'en faire.

Pour se protéger de nos « fausses croyances » : nous devons les affaiblir suffisamment pour qu'elles n'aient plus assez d'énergie pour s'imposer dans notre Conscience et transférer leur énergie dans une autre croyance.

Pour réaliser cela il nous faut :

d'abord les repérer à l'aide de la « Pleine Conscience », par ex.,

puis les étiqueter pour ce qu'elles sont grâce à nos « Connaissances »,
pour pouvoir les reconnaître quand elles se représentent à notre conscience,
et à ce moment-là, :

surtout ne pas lutter contre elles, mais plutôt :

1) Ne pas leur prêter l'Attention de notre Conscience qu'elles réclament,
2) Brancher tout de suite notre Attention sur l'activité motivante la plus appropriée de notre liste préalablement établie, et poursuivre celle-ci jusqu'à ce que la « fausse croyance » retourne d'où elle est venue.

Car de toutes les choses qui peuvent capter notre Attention au détriment de nos « fausses croyances », :

c'est l'exercice d'une activité que nous apprécions beaucoup, qui a le plus de chance de le faire suffisamment bien et suffisamment longtemps.

.

.

.

.

Schéma récapitulatif

Que faire pour acquérir la façon de penser de ceux qui n'ont pas ou plus cette crainte *« J'ai toujours peur de ce que les autres pensent de moi »*, ou toutes autres craintes ou obsessions ?

1 Accepter que comme tout être humain vous **êtes** :

\# des êtres d'émotion sensibles au regard de l'autre, influençables et pouvant donc confondre Savoir et Croire

\# votre mémoire : sans mémoire composée de tous vos souvenirs : pas d'identité

\# des apprentis toute votre vie : ne cessez jamais d'expérimenter et d'agir pour vivre pleinement votre vie

\# des êtres limités : acceptez de ne pas tout savoir, tout maîtriser, qu'il y ait une part d'inconnu en vous et chez les autres, plus d'imprévu que de prévu… mais à l'intérieur de ces limites vous pouvez quand même changer et gérer beaucoup de choses au niveau :

de la gestion de vos émotions (du regard de l'autre, de la confusion entre Savoir et Croire…),

de la construction de vos souvenirs et donc de votre identité (repérer les fausses croyances…),

de vos apprentissages (créer de nouveaux réseaux neuronaux, utilisez-vos neurones miroirs…),

et tout cela d'autant mieux que : vous savez que vous savez sculpter votre cerveau.

2 Comprendre les outils qui vous aideront à agir autrement : image de soi, plasticité neuronale, Connectome, cellules souches, la loi de Hebb, les neurones miroirs, ... et la théorie de l'esprit.

3 Vous approprier ces outils un par un progressivement.

4 Vous donner le droit de bien choisir les personnes que vous fréquentez et éviter de vous préoccuper de ce que les autres, qui ne "vous sont rien" pensent de vous.

5 Vider de leur énergie les fausses croyances « limitantes et dévalorisantes ».

6 Accepter que vous ayez de faux messages trompeurs du cerveau pour les repérer afin de les étiqueter pour pouvoir les repérer de nouveau lorsqu'ils se représenteront à votre conscience.

7 Une fois repérés, les remplacer par des « messages constructifs et valorisants ».

8 Savoir que vous savez vous rend capable de « sculpter votre cerveau » en y mettant tous les efforts, les apprentissages et le temps nécessaire, pour réaliser votre « individuation ».

9 Bien choisir les meilleurs « interlocuteurs/outils/formateurs... » pour apprendre à « sculpter votre cerveau » de la meilleure façon possible et ainsi d'augmenter vos Connaissances.

.

.

.

.

Maintenant vous pouvez, si **vous le souhaitez**, à partir de la description que vous venez de voir de ces deux types de personnalités, **choisies parmi beaucoup d'autres**, et en **vous aidant du schéma récapitulatif ci-dessus** :

reprendre point par point, tout ce qui les différencie, dans toute cette description, **pour vous en inspirer** dans votre démarche de vous débarrasser de cette peur de ce que les autres pensent de vous, **pour la remplacer progressivement par une toute autre vision et faire le constat que** :

Situation par situation, domaine par domaine, personne par personne, vous vous préoccupez de moins en moins, voire plus du tout de ce qu'elles peuvent **peut-être** penser **ou pas**, de vous.

Car il s'agit **de votre vie à vous**, pas de celles des autres,

et **c'est donc à vous et à vous seuls** selon ce que vous pensez de vous,

et pas de ce que vous croyez que les autres pensent de vous **sans en être jamais certains**,

de décider, et ce dès MAINTENANT de ce que vous voulez en faire,

en n'oubliant pas, bien sûr, que votre liberté d'en faire ce que vous voulez en faire, s'arrête là où commence celle de l'autre, voire même, et dans un consentement mutuel : nécessitera parfois l'aide de l'autre tout comme l'autre pourra aussi avoir besoin de votre aide.

.

En résumé

Selon qu'enfant l'on ait reçu :

plutôt une éducation aimante, respectueuse et valorisante,

ou au contraire une éducation plutôt non-sécurisante, voire insécurisante :

1 On peut faire partie des personnes qui ne prêtent pas trop attention à ce que les autres pensent d'elles, et appartenir, **par exemple**, au groupe des « Expérimentateurs curieux ».

2 Ou faire partie des personnes qui ont toujours peur de ce que les autres pensent d'elles et appartenir, **par exemple**, plutôt au groupe des « Comparateurs fermés ».

Je vous propose d'abord de les décrire succinctement :

1 Vous pouvez appartenir au groupe des « Expérimentateurs curieux » si vous pensez que rien n'est fixé d'avance une fois pour toute, que vous pouvez toujours progresser, vous améliorer, vous réaliser au mieux du possible même s'il y a un prix à payer : faire l'effort d'apprendre et y consacrer le temps nécessaire.

2 Vous pouvez appartenir plutôt au groupe des « Comparateurs fermés » si vous pensez, que vos qualités, vos compétences, vos caractéristiques morales, votre personnalité, etc. sont gravées dans le marbre, et si vous avez la certitude qu'il en sera ainsi toute votre vie durant, comme on vous l'a affirmé maintes et maintes fois dans votre enfance. Dans ce cas vous pouvez être, par exemple, dans la croyance de :
« Je **suis** méchant(e), ou bête, ou nul(le)…. **puisque** j'ai f**ait** une bêtise **et** que je ne pourrai donc que **continuer** d'en **faire** ! ».
Ou à l'inverse mais avec le même raisonnement :
« Je suis **génial parce que** j'ai réalisé parfaitement du premier coup **l'attente** de **mes parents et** tant que je **continuerai** de savoir le **faire,** on me confirmera que **je suis génial**».

Vous vous retrouvez donc coincé(e) le plus souvent dans le « tout ou rien ». Vous pensez pouvoir toujours réussir sans effort, voire brillamment dans certains domaines, ou toujours échouer lamentablement dans d'autres, et ne tenterez pas d'essayer par peur de décevoir l'autre.

Vous vous retrouvez donc, de ce fait, en compétition avec les autres, et ne cessez dès lors de vous comparer aux autres, et ce, que vous vous croyez « nul (le) » ou brillant(e) » !

Je vous propose maintenant de les comparer brièvement :

1. Les « expérimentateurs curieux » sont en « compétition » avec eux-mêmes. Ils adorent se donner des défis, se confronter à des situations nouvelles, tirer la leçon de leurs erreurs, solutionner des problèmes. Au plus ceux-ci sont durs et compliqués, leurs demandent des efforts et du temps, au plus c'est excitant pour eux de s'y confronter et gratifiant de les réussir !

Croyant en leur possibilité de progresser toute leur vie en ne cessant d'apprendre (y compris de leurs épreuves et de leurs erreurs), ils pensent plutôt : « qui ne risque rien, n'a rien ». Quand ils font une erreur, ils n'en sont pas trop affecté(e), car non seulement ils se donnent « le droit à l'erreur », mais ils tirent aussi les enseignements de leurs erreurs, qui leur permettent de savoir maintenant pourquoi cela n'a pas fonctionné, et ainsi de mettre en place une nouvelle stratégie pour réussir.

Ils se comportent comme ceux qui **savent** qu'ils **savent** « sculpter » leur cerveau, et de ce fait se donnent les moyens de le faire le mieux possible, que ce soit par eux-même ou avec l'aide des autres.

2. Pour les « Comparateurs fermés » : le **regard des autres sur eux pèse beaucoup plus lourd que leur regard à eux sur eux.** De plus **comme ils sont en compétition avec les autres, dans une comparaison permanente,** puisqu'ils sont toujours dans la crainte que les autres s'aperçoivent :

- soit de leurs soi-disant insuffisances ;

- soit que leurs capacités, qu'ils estiment supérieures à tort ou à raison, leur fassent soudain défaut, ou ne soit plus reconnues :

Ils sont bien obligés de se soucier de ce que les autres pensent d'eux, ne serait-ce que pour vérifier que les autres n'ont pas encore découvert leurs manques réels ou supposés, et/ou que les autres les apprécient toujours, et leur renvoient la valeur qu'ils ont besoin qu'on leur renvoie, que celle-ci soit réelle ou supposée.

Car seuls les autres peuvent leur dire ce qu'ils valent par rapport aux autres, puisque eux mêmes, contrairement aux « Expérimentateurs curieux », ne croient pas pouvoir changer quoique ce soit, par eux-mêmes, à leur propre valeur.

Leur valeur ne dépend pas d'eux, leur Valeur dépend des autres :

de ce que les autres veulent bien leur reconnaître ou pas comme valeur**,**

et donc de ce qu'ils arriveront ou non à faire croire aux autres.

Comme ils sont persuadés que « tout est gravé dans le marbre à tout jamais », de ce fait ils ne peuvent même pas soupçonner qu'ils **savent** « sculpter » leur cerveau, et donc parvenir par eux-mêmes à **savoir** qu'ils **savent** le « sculpter ». Ils ne se donnent donc pas le droit, seuls ou avec une aide, de se doter des moyens nécessaires pour le « sculpter » au mieux, selon leurs **attentes** et **leurs besoins.**

Pour chaque groupe « Expérimentateurs curieux » et « Comparateurs fermés » vous voyez comment :

1 Une simple pensée au départ engendre,

2 Une croyance qui elle-même engendre,

3 Des actions qui elles-mêmes vont engendrer,

4 Des comportements qui eux-mêmes vont engendrer,

5 Une image de soi, une personnalité, un style de vie complètement différente, avec des conséquences énormes, dans un sens comme dans l'autre.

Vous pouvez donc affirmer, que c'est une fausse croyance de considérer que « vous ne pouvez pas vous faire suffisamment confiance, pour être capable de vous fier à votre propre jugement, à votre propre impression profonde, pour savoir quelle est votre vraie « Valeur ».

Vous pouvez reprendre point par point, tout ce qui différencie ces deux groupes, dans toute cette description, **et dans le schéma récapitulatif qui le suit.**

Vous pouvez, ensuite, vous en inspirer dans votre démarche de vous débarrasser de cette peur de ce que les autres pensent de vous, ou de toute autre peur ou obsession.

Vous pourrez ainsi la remplacer progressivement par une toute autre vision.

Vous pourrez enfin faire le constat que : situation par situation, domaine par domaine, personne par personne par personne, vous vous préoccupez de moins en moins, voire plus du tout de ce qu'elles peuvent **peut-être** penser **ou pas**, de vous, surtout si elles ne vous sont « rien ».

Il s'agit de votre vie à vous, pas de celles des autres.

C'est votre liberté de faire de votre vie ce que vous voulez en faire, **en n'oubliant pas, bien sûr, que votre liberté d'en faire ce que vous voulez en faire, s'arrête là où commence celle de l'autre, voire même, et d'un commun accord :**

nécessitera parfois l'aide de l'autre, tout comme l'autre pourra aussi avoir besoin de votre aide.

Chapitre Dix : Conclusion

•

•

•

•

•

**Pour une nouvelle vision d'ensemble,
une nouvelle vie**

La vision d'ensemble :

La vision d'ensemble exige que vous compreniez, que vous avez vécu jusqu'alors votre vie beaucoup trop du point de vue étroit et/ou négatif des « faux messages trompeurs de votre cerveau ». Essentiellement, la nouvelle vision d'ensemble est de décider de voir votre vie avec une mentalité positive, plus chaleureuse et compatissante vis à vis de vous, de ce que **vous êtes** vraiment.

Un autre principe important de ceci, est d'apprendre comment prendre soin de vous-même : de préférer prendre une décision à partir d'une position stable et bienveillante, plutôt que d'une position de peur, de colère, de tristesse ou d'autres émotions trompeuses.

Une Nouvelle Vie :

Il est évident que dans la réalité de vos vies, la réalisation des choses, des projets, des changements que vous souhaiteriez voir advenir, ne se réalisera pas toujours aussi sûrement et facilement que pourrait le laisser entendre cet ouvrage.

J'en suis bien conscient, ne serait-ce que parce que, comme nous sommes vivants dans un monde vivant, l'imprévu a beaucoup plus de chance d'arriver que le prévu, et de bousculer nos plans, mais assez souvent aussi l'imprévu nous permet de trouver des idées, des solutions auxquelles on n'aurait jamais pensées par nous-même et qui nous font dire, parfois, après-coup : « c'était un mal pour un bien ! ».

Et c'est aussi pour cela que dans mon Introduction je vous invitais, **pour ceux qui le jugeraient nécessaire**, de ne pas hésiter **à vous faire aider par un professionnel compétant et avec qui le courant passe bien**, pour mettre en place une meilleure ré-appropriation de votre vie en fonction de **vos attentes** aussi et d'abord, et non seulement de celles des autres. Car comme je l'exprimais plus haut, à propos de ces personnes que l'on peut trouver exceptionnelles, étant donnée ce qu'elles ont réussi à accomplir, elles ont appliqué les **deux choses :**

ET de « **savoir qu'elle savaient** » être capable de mieux « sculpter » leur cerveau, en y mettant tous les efforts, les apprentissages et le temps nécessaire.

ET de **bien choisir les meilleurs « interlocuteurs / outils / formateurs ... »,** pour apprendre à « sculpter » leur cerveau de la meilleure façon possible.

De même pour vous, j'espère que cet ouvrage vous permettra :

de **savoir** maintenant que vous aussi **savez** « sculpter » votre cerveau, et :
qu'il s'avèrera être un bon « outil » pour vous aider à le « sculpter » le mieux possible.

Mais si pour vous, il vous parait important, pour « mettre toutes les chances de votre côté » de vous procurer d'autres outils plus adaptés à vos besoins, comme de recourir à une psychothérapie, et/ou de vous initier au « Mindfulness = Pleine Conscience », n'hésitez pas à le faire. Et si cet ouvrage vous aura au moins permis de penser à faire cette démarche, il aura en partie atteint son but.

Mais ce qui est certain c'est que si vous n'agissez pas, si vous vous contenter de penser à des choses, des projets qu'il serait bon de faire, mais sans les faire, c'est sûr que rien n'arrivera. Contrairement à ce que pensent certains « Comparateurs fermés » que face à l'Inconnu, la Nouveauté, il vaut mieux ne rien faire, pour éviter un échec : « qui ne risque rien, ne perd rien » : c'est faux (même si bien sûr il y a des exceptions qui confirme la règle).

La règle c'est que ne « rien faire » est le plus souvent, la pire erreur, car il est bien pire de se priver de quelque chose d'important pour nous, faute d'avoir pris le risque d'essayer de l'obtenir, que de se confronter à un échec, **qui en fait n'est le plus souvent qu'une simple erreur,** dont le plus souvent il nous apprendra beaucoup de choses, ne serait-ce que de savoir enfin comment réussir plus sûrement à notre prochain essai.

« qui ne risque rien n'a rien ! » et c'est terriblement vrai !

N'oubliez jamais que pour que les choses changent dans votre vie dans le sens où vous le souhaitez, encore faut-il que **vous définissiez clairement** :

1. D'abord où vous voulez « aller » :
quand on se déplace d'un point à un autre, pour savoir comment se diriger, encore faut-il qu'on sache où l'on va !

2. **Ensuite seulement**, en fonction de où vous voulez « aller », vous devez **bien faire l'inventaire de ce dont vous avez besoin pour pouvoir y aller,** et s'il vous manque des choses essentielles pour y parvenir : vous devez vous les procurer : ce qui peut signifier, se traduire par :

vous devez changer des choses en vous, vous devez acquérir d'autres compétences, vous procurer d'autres moyens, outils, fréquenter d'autres personnes, en éviter certaines …

Et c'est là que **savoir** que l'on **sait** « sculpter » son cerveau et quels « moyens » peuvent le mieux nous aider à bien réaliser cela, pour changer en nous ce qui doit l'être, peut faire toute la différence avec quelqu'un qui **ne sait pas** qu'il **sait** « sculpter » son cerveau, et qui donc de ce fait, aura beaucoup plus de mal, à bien mettre en oeuvre ce qui doit l'être, pour parvenir à son but, comme nous l'avons vu plus haut, avec l'utilisation des « **neurones miroirs** ».

3. **ET enfin agir (expérimenter).**

Vous devez aussi vous donner le droit de continuer d'expérimenter par vous même, comme lorsque vous étiez enfant, plutôt que d'être simple spectateur de ce que font les autres, ou de subir les décisions des autres, car **la vraie vie c'est quand on expérimente les choses par soi même !**

Il ne s'agit pas d'agir pour agir, mais d'agir pour vous apporter le « correctif » de la Réalité objective dont nous parlions au Chapitre 6 :

« … le risque d'interpréter le Réel d'une façon erronée ou trop déformée si la Réalité objective n'est pas là pour nous apporter la correction nécessaire, et ce sans que nous nous en rendions compte,

et donc en continuant de croire que la vraie Réalité c'est ce que nous avons interprété et non pas la Réalité objective elle-même qui peut être plus ou moins différente, avec toutes les conséquences que cela peut avoir…. ».

C'est à dire qu'**en agissant on se donne la possibilité de se confronter à la Réalité objective et de vérifier enfin si nos idées/pensées/projets … « tiennent la route » ou pas, si nous étions dans une illusion ou pas,** comme dans l'exemple cité plus haut de l'aveugle et de sa canne blanche qui heurte le mur d'une maison = confrontation à la Réalité objective, qui lui permet de perdre l'illusion qu'il était au beau milieu du trottoir alors qu'il ne l'était plus. **Sans compter, qu'à un autre niveau,** cette confrontation à la même Réalité objective :

par le passé, lui a permis de savoir qu'il lui fallait emmener une canne blanche avec lui pour se promener sans risque de se faire mal dans la rue, **et**

de découvrir en plus qu'avec une canne blanche **il peut** se promener dans la rue, plutôt que de rester chez lui à cause de **l'illusion** qu'il n'y a pas de possibilité « raisonnable » pour lui de se promener seul à l'extérieur.

Autrement dit, et comme je vous le disais dès l'introduction :
nous avons maintenant un autre moyen à notre disposition pour mieux réaliser notre « **individuation** » :

notre réalisation personnelle, notre cheminement vers la découverte de soi.

Faites donc ce que vous jugez nécessaire pour que ça change dans tous les domaines que vous jugez importants pour vous, comme celui de vous débarrasser enfin de cette peur de ce que les autres pensent de vous, surtout si ces "autres" ne vous "sont rien".

En espérant que toutes ces notions vous aideront à y parvenir, je vous laisse en vous disant du plus profond de moi :

PRENEZ SOIN DE VOUS... (ET DES AUTRES !) MAINTENANT... EN AGISSANT !

.

.

En résumé

Essentiellement, la nouvelle vision d'ensemble est de décider de voir votre vie avec une mentalité positive, plus chaleureuse et compatissante vis à vis de vous, de ce que **vous êtes** vraiment.

Apprenez à prendre soin de vous-même. Prenez les décisions à partir d'une position stable et bienveillante. Eviter de décider sous l'emprise de la peur, la colère, ou toute autre émotions trompeuses.

L'imprévu a beaucoup plus de chance d'arriver que le prévu. Il bouscule ainsi vos plans mais vous permet aussi de trouver d'autres idées.

Les personnes que vous pouvez trouver exceptionnelles appliquent deux choses :

1 « savoir qu'elles savent » être capable de mieux « sculpter » leur cerveau en y mettant tous les efforts, les apprentissages et le temps nécessaire et

2 bien choisir les meilleurs « interlocuteurs / outils / formateurs ... » pour apprendre à « sculpter » leur cerveau de la meilleure façon possible.

J'espère que cet ouvrage vous permettra de savoir maintenant que vous aussi, savez sculpter votre cerveau, et qu'il vous aidera à le faire le mieux possible.

Il est bien pire de se priver de quelque chose d'important pour vous, que d'essayer de l'obtenir, avec le risque de se confronter à une erreur, car celle-ci vous apprendra, le plus souvent, comment réussir à votre prochain essai.

Gardez à l'esprit que pour que les choses changent dans votre vie (dans le sens où vous le souhaitez), il vous faut définir clairement où vous avez envie d'aller, et de quoi avez-vous besoin pour y parvenir. Cela peut se traduire également par : vous devez changer des choses en vous, vous devez acquérir d'autres compétences, et vous procurer d'autres moyens, outils…

Savoir que l'on sait « sculpter son cerveau » et **Agir** (expérimenter) pour se confronter à la réalité et se débarrasser de ses illusions, sont les mots clefs de votre succès pour vaincre cette fausse croyance « J'ai toujours peur de ce que les autres pensent de moi », ou de toutes autre craintes ou obsessions, et pour vous donner un autre moyen pour mieux réaliser votre « **individuation** » : votre réalisation personnelle, votre cheminement vers la découverte de soi.

Prenez soin de vous et des autres ! En agissant !

.
.
.
.

Chapitre Onze : P.S.

•

•

•

•

Pour réaliser ce livre, le moyen qui m'est apparu le plus approprié était de le faire sous la forme d'un livre électronique : un eBook comme on dit sur le Net.

Pourquoi : parce que c'est actuellement le meilleur moyen pour pouvoir le proposer au plus grand nombre à un prix abordable : en effet le coût d'édition et de distribution est beaucoup plus faible que pour le même livre en papier.

Mais pour ceux qui n'ont pas de liseuse numérique, de « tablette », ou ne veulent pas utiliser ce type de produit numérique et qui préfèrent la forme « papier », qu'ils se rassurent : ils pourront le trouver bientôt ici même en version papier mais à un prix différent pour les raisons que j'ai précisées ci-dessus.